Natalie Giran

IRAN

– Kochbuch –

Email: info@edition-lunerion.de
www.edition-lunerion.de

Psiana eCom UG
Berumer Str. 44
26844 emgum

Vorwort

Atemberaubende Landschaften, der antike Reichtum des persischen Reiches, prachtvolle Moscheen und geheimnisvolle Hochkultur: Der Iran regt Fantasie und Abenteuerlust zugleich an – und das gilt auch für seine Küche. Die können Sie zum Glück ganz einfach visumfrei erkunden und dieses Kochbuch nimmt Sie mit auf die Reise!

Als nicht-arabisches Land unter arabischen Nachbarn hat der Iran – das frühere Persien – eine sprachliche, kulturelle und historische Sonderposition. Das schlägt sich auch in der Küche nieder: Auch wenn viele Zutaten und Gewürze ebenso in den Nachbarländern Verwendung finden, so stechen Geschmack und Tradition der iranischen Kochkunst doch als einzigartig hervor, und die Gerichte in diesem Buch lassen Sie diesen ganz besonderen Küchenschatz mit allen Sinnen erfahren. Ob Kababs, Fesenjan oder Ash-e Reshtesh, die klangvoll-exotischen Köstlichkeiten punkten mit reichlich Gewürzen wie Kardamom, Safran oder Kurkuma, frischem Gemüse, Früchten und geschmackvollen Zutaten wie Lammfleisch, Pistazien oder Mandeln und bieten für Fleischfreunde, Fischliebhaber, Veggies und Naschkatzen eine verführerische Auswahl für jede Situation.

Guten Appetit!

INHALT

Getränke 110

Soßen, Cremes und Dips 119

Das Land im Porträt

Der Iran ist ein faszinierendes Land wie kein anderes. Das Land hat eine reiche Geschichte, eine vielfältige Kultur und obendrein eine atemberaubende Landschaft zu bieten. Von dem Alborz-Gebirge im Norden Irans bis zu „Dasht-e Lut“, eine beeindruckende Wüstenlandschaft, bietet der Iran seinen Besuchern jede Menge zum Entdecken.

Während es im Norden schneebedeckte Berge zu sehen gibt, bietet der Iran eine weitreichende Wüstenlandschaft. Jeder, der schon einmal im Iran war und diese Gebiete bereist hat, weiß, wie atemberaubend diese Kontraste des Landes sind.

Eine der bekanntesten Sehenswürdigkeiten des Irans ist die antike Stadt Persepolis, die einst die Hauptstadt des persischen Reiches war. Die Ruinen von Persepolis zeugen von der einstigen Pracht und Herrlichkeit des Reiches und ziehen Besucher aus der ganzen Welt noch heute an.

Neben Persepolis gibt es im Iran zahlreiche weitere historische Stätten, darunter die beeindruckenden Moscheen und Paläste von Isfahan und die alten Ruinen von Pasargadae. Als Geheimtipp gilt Mount Abider in Sanandaj. Mit seinen 2.550 Metern bietet er einen traumhaften Überblick über die Stadt. Neben einem großen Kino an der frischen Luft bietet er zahlreiche Restaurants mit köstlichen Spezialitäten.

Diese historischen Schätze sind Zeugnisse der reichen Geschichte und Kultur des Irans und bieten Besuchern die Möglichkeit, in die Vergangenheit des Landes einzutauchen. Fast, als würden sie in Märchen wie Alibaba und die 40 Räuber eintauchen.

Neben seiner natürlichen Schönheit und reichen Kultur bietet der Iran auch eine lebendige Kunstszene. Von der traditionellen Teppichweberei bis hin zur zeitgenössischen Malerei gibt es in ganz Iran eine Fülle von künstlerischem Talent zu entdecken. Der Iran ist ein Land, das zahlreiche Überraschungen für seine Besucher bereithält. Doch kommen wir zum eigentlichen Thema des Buches: die iranische Küche. Diese ist ebenso vielfältig und köstlich. Von würzigen Kebabs über duftenden Reis bis hin zu süßen Baklava gibt es eine Fülle von kulinarischen Genüssen zu entdecken. Die Gastfreundschaft der Iraner ist legendär und Besucher werden oft mit offenen Armen empfangen und dazu eingeladen, an traditionellen Mahlzeiten teilzunehmen.

TYPISCHE SPEISEN

Die iranische Küche ist nicht nur eine kulinarische Erfahrung, sondern auch eine Reise durch die reiche Geschichte, die vielfältige Kultur und die herzliche Gastfreundschaft der Iraner. Der Iran bietet eine Fülle von natürlicher Schönheit auch in seiner Küche, die eine reiche Vielfalt an Aromen, Texturen und Geschmacksrichtungen bietet. Sie ist ein Spiegelbild der kulturellen Vielfalt des Landes und seiner reichen Geschichte, die Jahrtausende zurückreicht. Jedes Gericht erzählt eine Geschichte, sei es die Geschichte der nomadischen Stämme, die über die weiten Ebenen des Landes gezogen sind, oder die Geschichte der persischen Könige, die einst über das Land herrschten. In der iranischen Küche treffen die Einflüsse aus dem Nahen Osten, Zentralasien und dem Kaukasus zusammen.

Besondere Merkmale der iranischen Speisen bietet die Verwendung von frischen Kräutern, Gewürzen und aromatischen Zutaten. Safran, Kardamom, Zimt und Kurkuma sind nur einige der Gewürze, die häufig in der iranischen Küche verwendet werden und den Gerichten ihre charakteristischen Aromen verleihen. Auch Früchte wie Granatäpfel, Berberitzen und Pistazien spielen eine wichtige Rolle und verleihen den Gerichten eine süße, saure oder nussige Note. Egal, ob man sich für ein traditionelles Gericht wie Ghormeh Sabzi oder Fesenjan entscheidet oder die Vielfalt der persischen Kebabs und Reisgerichte erkunden möchte, die iranische Küche bietet für jeden Geschmack etwas Besonderes. Die folgenden zehn Gerichte sollen Ihnen einen ersten Eindruck der iranischen Küche vermitteln:

Kabab: Kebabs sind eine der beliebtesten Speisen im Iran. Sie bestehen oft aus gegrilltem Fleisch, das mit verschiedenen Gewürzen und Marinaden zubereitet wird. Typische Fleischsorten sind Lamm, Rind oder Huhn. Serviert werden die Kebabs oft mit Reis oder Brot und gegrilltem Gemüse.

Ghormeh Sabzi: Dies ist ein traditionelles iranisches Gericht, das aus Kräutern, Lammfleisch, roten Bohnen und getrockneten Limetten zubereitet wird. Es ist herzhaft aromatisch und wird oft mit Reis serviert.

Fesenjan: Fesenjan ist ein Gericht, das aus Granatapfelsaft, gemahlenen Walnüssen und Fleisch (oft Huhn oder Lamm) zubereitet wird. Es hat eine reiche, leicht süße Geschmacksnote und wird oft zu besonderen Anlässen serviert.

Tahdig: Tahdig ist ein köstliches Beilagen-Gericht, das aus knusprig gebratenem Reis oder Brot unter dem Reis besteht, das am Boden des Kochtopfs entsteht. Es ist eine Delikatesse im Iran und wird oft mit Eintöpfen oder Fleischgerichten serviert.

Ash-e Reshteh: Diese traditionelle Suppe ist reichhaltig und nahrhaft und wird oft während des persischen Neujahrsfests serviert. Sie besteht aus Nudeln, Kräutern, Bohnen und manchmal auch Fleischbällchen.

Dolmeh: Dolmeh sind gefüllte Gemüsegerichte, die oft mit Reis, Kräutern und Fleisch gefüllt sind. Zu den beliebtesten Varianten gehören Weinblätter, Paprika, Tomaten und Auberginen.

Bastani-e Za'ferani: Dies ist eine traditionelle persische Eiscreme, die mit Safran und Pistazien aromatisiert ist. Sie ist cremig und reichhaltig und wird oft mit Faludeh, einem erfrischenden Dessert aus Rosenwasser und Stärke, serviert.

Zereshk Polo: Zereshk Polo ist ein köstliches Reisgericht, das mit Berberitzen (Zereshk) zubereitet wird. Der Reis wird oft mit Safran gewürzt und mit gebratenen Berberitzen und manchmal auch mit gerösteten Mandeln oder Walnüssen garniert. Dieses Gericht ist eine beliebte Wahl für besondere Anlässe und Feierlichkeiten.

Mirza Ghassemi: Diese Auberginen-Delikatesse stammt aus der nördlichen Region des Irans und besteht aus gegrillten Auberginen, Tomaten, Knoblauch und Eiern. Es ist reich an Geschmack und Aromen und wird oft mit Brot oder Reis serviert.

Baghali Polo: Baghali Polo ist ein weiteres köstliches Reisgericht, das oft mit Lammfleisch und Dill zubereitet wird. Es wird oft zusammen mit zarten, gedünsteten Bohnen (Baghali) serviert und ist eine beliebte Wahl für Familienessen und Feiertage.

Besonderheiten beim Kochen

Das Kochen im Iran ist weit mehr als nur das Zubereiten von Mahlzeiten. Wie gekocht wird, geben die Iraner oft von einer Generation zur nächsten weiter. So wie die Großmutter es einst der Mutter lehrte, lernt es später auch die Tochter. Ein Kreislauf, der wahrscheinlich nie enden wird. Zudem spielen beim Kochen im Iran auch die eigene Kultur und die verschiedenen Traditionen des Landes eine Rolle. Alles ist zudem eng mit der Gastfreundschaft der Iraner verbunden. Es wird immer etwas mehr gekocht, denn es könnte ja plötzlich noch jemand zu Besuch kommen. Viele verschiedene Dinge machen das Kochen zu einer wahren Besonderheit.

Die Gastfreundschaft beispielsweise hat im Iran einen hohen Stellenwert, und das zeigt sich auch beim Kochen. Gäste werden mit offenen Armen empfangen. Es wird immer reichlich gekocht, um sicherzustellen, dass alle satt werden. Dabei ist es üblich, dass Familienmitglieder und Freunde beim Kochen mithelfen und dass gemeinsame Mahlzeiten ein geselliges Ereignis sind.

In der iranischen Küche wird besonders viel Wert auf die Verwendung frischer Zutaten gelegt, sei es Fleisch, Gemüse, Kräuter oder Gewürze. Märkte sind oft voll mit frischen Produkten. Viele Familien ziehen es vor, ihre Zutaten täglich frisch einzukaufen. Saisonale Zutaten spielen ebenfalls eine wichtige Rolle und beeinflussen die Auswahl der Gerichte.

Bekannt ist die Küche Irans vor allem für ihre reiche Vielfalt an Aromen und Gewürzen. Safran, Kardamom, Zimt, Kurkuma und Rosenwasser sind nur einige der Gewürze, die häufig verwendet werden und den Gerichten ihre charakteristischen Aromen verleihen. Jede Region des Irans hat ihre eigenen Spezialitäten und Gewürzmischungen, die auf den lokalen Geschmack und die verfügbaren Zutaten abgestimmt sind.

Obwohl moderne Küchengeräte wie Herde und Backöfen weitverbreitet sind, werden in vielen Haushalten im Iran immer noch traditionelle Zubereitungsmethoden angewendet. Dazu gehören das Kochen über offenen Feuern, das Backen von Brot in Lehmöfen und das Einlegen von Gemüse und Früchten in Salzlake oder Essig.

Reis ist ein wesentlicher Bestandteil der iranischen Küche und wird in vielen Gerichten verwendet, von Kebabs über Eintöpfe bis hin zu Beilagen. Die Zubereitung von Reis ist eine Kunst für sich, und es gibt verschiedene Techniken, um den perfekten, duftenden Reis zu erreichen. Dazu gehört auch das Zubereiten von „Tahdig", einer knusprigen Kruste, die am Boden des Kochtopfs entsteht und oft als Delikatesse betrachtet wird. Wie Reis gekocht wird, erfahren Sie ebenfalls in diesem Kochbuch.

Das Kochen im Iran ist somit eine faszinierende und reiche Tradition, die die Geschichte und Kultur des Landes widerspiegelt. Sie ist wahrlich eine Kunst, die mit Leidenschaft und Hingabe ausgeübt wird und die Menschen zusammenbringt, um köstliche Mahlzeiten zu genießen und gemeinsame Erinnerungen zu schaffen.

SO KOCHT MAN REIS

Im Iran gibt es zwei häufig verwendete Methoden, um Reis zuzubereiten, die beide zu einem perfekt gekochten, duftenden Ergebnis führen können. Hier sind zwei Methoden:

Chelow (Persischer Reis):

1. Bevor das Kochen beginnen kann, muss der Reis gründlich gewaschen werden. Dazu gibt man ihn in einen Topf und lässt kaltes Wasser darauflaufen. Dabei rührt man mit der Hand durch, damit jedes Korn gewaschen wird. Dieser Prozess wird so lange wiederholt, bis das Wasser klar ist. Da Reis sehr viel Stärke hat, die ihn sonst klebrig machen würde, ist das Waschen unumgänglich.
2. Dann wird der Reis in einem großen Topf mit reichlich kochendem Wasser und Salz gekocht, bis er fast gar ist. Dies dauert normalerweise etwa 10 - 15 Minuten, je nach Reissorte.
3. Der Reis wird dann in einem Sieb abgeseiht und gründlich mit kaltem Wasser abgespült, um den Garprozess zu stoppen und überschüssige Stärke zu entfernen.
4. Während der Reis abtropft, wird der Topf mit etwas Öl oder Butter gefettet und eine dünne Schicht Reis oder ein dünnes Brot (Tortilla) am Boden des Topfes verteilt, um Tahdig zu bilden, die knusprige Kruste.
5. Der restliche Reis wird dann schichtweise in den Topf gefüllt und mit einem Löffel oder einem Kochlöffel in eine Kuppelform geformt.
6. Ein sauberes Küchentuch oder Papiertuch wird über den Topf gelegt, um den Dampf einzufangen, und der Deckel wird fest verschlossen. Der Reis wird auf niedriger Hitze gedämpft, bis er vollständig gegart und duftend ist.
7. Nach dem Garen wird der Reis vorsichtig mit einem Löffel oder einer Gabel aufgelockert und auf einem Servierteller serviert.

Kateh (Geschmorter Reis):

1. Wie bereits beschrieben, muss der Reis gewaschen werden. Danach gießt man ihn in ein Sieb und spült ihn mit kaltem Wasser ab. Zum Kochen wird er in einen Topf gegeben, wo er zusammen mit Salz und Öl/Butter erhitzt, bis er fast fertig ist. Dies dauert normalerweise etwa 10 - 15 Minuten.
2. Der Reis wird dann in einem Sieb abgesiebt und gründlich mit kaltem Wasser abgespült, um den Garprozess zu stoppen und überschüssige Stärke zu entfernen.
3. In derselben Pfanne wird eine Mischung aus Wasser, Öl oder Butter und manchmal auch Safran oder anderen Gewürzen hinzugefügt. Der Reis wird dann zurück in den Topf gegeben und mit einem Deckel fest verschlossen.
4. Der Reis wird bei niedriger Hitze geschmort, bis er vollständig gegart ist und das Wasser absorbiert hat. Dabei bildet sich oft eine goldene Kruste am Boden des Topfes, die als Tahdig bekannt ist.
5. Nach dem Kochen wird der Reis vorsichtig aufgelockert und auf einem Servierteller serviert, wobei die Tahdig-Kruste in der Regel als besondere Delikatesse genossen wird.

Tipp: Geben Sie kurz vor Ende der Garzeit ein Stück Butter in die Mitte des Reises und gießen Sie etwas Safran über den Reis. So erhält er nicht nur eine schöne gelbe Farbe, sondern obendrein einen wunderbaren Geschmack.

Essgewohnheiten

Die Essgewohnheiten im Iran sind stark von der Kultur, den Traditionen und den klimatischen Bedingungen des Landes geprägt. Dabei spielt die geografische Lage des Irans eine entscheidende Rolle, da das Land eine Vielzahl von Klimazonen und geografischen Merkmalen aufweist, die sich auf die Verfügbarkeit von Lebensmitteln auswirken. Zum Beispiel sind in den nördlichen Regionen des Landes, die von fruchtbaren Ebenen und Wäldern geprägt sind, Gerichte mit Fisch, Reis und frischem Gemüse besonders beliebt. Im Kontrast dazu dominieren in den trockenen Wüstengebieten im Zentrum und Osten des Irans Gerichte mit getrockneten Früchten, Nüssen und Fleisch, die eine längere Haltbarkeit haben. Darüber hinaus haben historische Ereignisse und die kulturelle Vielfalt des Irans auch Einfluss auf die Essgewohnheiten des Landes. Die persische Küche hat im Laufe der Jahrhunderte Einflüsse aus verschiedenen Regionen und Kulturen aufgenommen, was zu einer reichen Vielfalt an Geschmacksrichtungen und Rezepten geführt hat.

Im Iran ist das Essen ein soziales Ereignis, das oft im Kreise der Familie oder mit Freunden genossen wird. Gemeinsame Mahlzeiten sind eine Gelegenheit, um sich zu treffen, zu plaudern und gemeinsam köstliche Speisen zu genießen. Gastfreundschaft spielt dabei eine wichtige Rolle, und es wird immer reichlich gekocht, um sicherzustellen, dass alle satt werden.

Im Iran wird traditionell mit der rechten Hand gegessen, während die linke Hand oft zum Halten von Brot oder anderen Speisen verwendet wird. Dabei wird das Essen oft auf einem niedrigen Tisch serviert, um den herum die Personen auf dem Boden sitzen oder knien. Die Mahlzeiten sind oft gesellige Ereignisse, bei denen Familienmitglieder oder Gäste gemeinsam von einer Vielzahl von Gerichten essen.

Typischerweise wird eine Mahlzeit im Iran mit Reis als Hauptbestandteil serviert, begleitet von einer Vielzahl von Beilagen wie Fleisch, Gemüse, Salaten, Joghurt und eingelegten Speisen. Die Speisen werden oft in der Mitte des Tisches platziert, sodass jeder Gast auf das Essen zugreifen kann. Es ist üblich, dass sich die Gäste gegenseitig Speisen anbieten und Teilen als Zeichen der Gastfreundschaft betrachten.

Während des Essens werden oft die Hände benutzt, um Speisen zu greifen und zu essen, insbesondere wenn Brot als Besteck verwendet wird. Das Brot dient dazu, andere Speisen aufzunehmen oder zu umhüllen, und wird oft als Werkzeug verwendet, um die Mahlzeit zu genießen. Es ist wichtig, sich die Hände vor und nach dem Essen gründlich zu waschen.

Nach dem Essen wird oft Tee oder Kaffee serviert, begleitet von süßen Leckereien wie Baklava, persischen Süßigkeiten oder Früchten. Das gemeinsame Teetrinken ist eine weitere Gelegenheit, um sich zu entspannen, Gespräche zu führen und die Gesellschaft der anderen zu genießen.

Im Iran sitzt man traditionell auf dem Boden, wenn man isst. Oft wird eine niedrige Tischdecke namens „Sofreh" auf dem Boden ausgebreitet, um die Speisen darauf zu platzieren. Die Personen sitzen dann um die Sofreh herum auf Kissen oder kleinen Matten, die auf dem Boden platziert sind. Die Sitzordnung ist normalerweise locker und informell, und es gibt keine festgelegten Plätze. Oft sitzen Familienmitglieder oder Gäste je nach persönlicher Präferenz und Bequemlichkeit rund um die Sofreh.

Es ist üblich, dass Männer und Frauen getrennt sitzen, insbesondere wenn Gäste zu Besuch sind oder es sich um formellere Anlässe handelt. Männer sitzen oft zusammen, während Frauen in einem separaten Raum oder Bereich speisen. Diese Trennung der Geschlechter ist jedoch nicht in allen Haushalten oder in informellen Situationen üblich.

Das Sitzen auf dem Boden während des Essens ist nicht nur eine kulturelle Tradition im Iran, sondern wird auch aus praktischen Gründen bevorzugt, da es eine entspannte und gesellige Atmosphäre schafft und es den Gästen ermöglicht, sich frei zu bewegen und bequem zu essen. Zudem sind oft recht viele Menschen zusammen, um zu speisen. Tische und Stühle würden oftmals nicht ausreichen, damit alle gemeinsam essen können.

TYPISCHE GEWÜRZE

Im Iran werden viele verschiedene Gewürze in der Küche verwendet, um den Gerichten ihren charakteristischen Geschmack und ihre aromatische Vielfalt zu verleihen. Diese Gewürze werden oft mit Bedacht ausgewählt, um die Aromen der Zutaten zu ergänzen und die Gerichte ausgewogen zu würzen. Die Kunst der Gewürzmischung wird von Generation zu Generation weitergegeben, wobei Familien oft ihre eigenen Geheimrezepte und bevorzugten Kombinationen haben. Die Verwendung von Gewürzen im Iran spiegelt die Vielfalt der regionalen Küchen wider und variiert je nach geografischer Lage und kulturellen Einflüssen. Einige Gewürze haben auch eine symbolische Bedeutung und werden traditionell zu bestimmten Anlässen oder Festen verwendet, um Glück, Gesundheit und Wohlstand zu fördern.

Safran (زعفران): Safran zählt zu den Gewürzen unserer Welt, welche nicht wenig kosten. Die Iraner verwenden ihn hauptsächlich dazu, um Speisen schmackhafter zu machen oder sie einzufärben. Es verleiht den Gerichten ein reiches Aroma und eine leuchtend goldene Farbe. Safran wird oft in Reisgerichten wie Zereshk Polo und Tahchin sowie in Desserts wie Bastani-e Za'ferani (Safran-Eiscreme) verwendet.

Kurkuma (زردچوبه): Kurkuma ist ein gelbes Pulver, das aus der Wurzel der Kurkumapflanze gewonnen wird und einen leicht erdigen Geschmack hat. Es wird oft in Reisgerichten, Eintöpfen und Soßen verwendet, um ihnen eine leuchtende gelbe Farbe zu verleihen und einen milden Geschmack zu ergänzen.

Zimt (دار چین): Zimt ist ein aromatisches Gewürz mit einem süßen und würzigen Geschmack. Im Iran wird Zimt häufig in Desserts, Backwaren, Reisgerichten und Eintöpfen verwendet. Es verleiht den Gerichten eine warme und würzige Note.

Kardamom (هل): Kardamom ist ein vielseitiges Gewürz mit einem intensiven, süßen und würzigen Aroma. Es wird oft in Kaffee, Tee, Desserts und Reisgerichten verwendet, um ihnen einen komplexen Geschmack und ein angenehmes Aroma zu verleihen.

Schwarzkümmel (سیاه دانه): Schwarzkümmel ist ein kleines, schwarzes Samenkorn mit einem leicht bitteren und würzigen Geschmack. Es wird häufig in Brot, Gebäck und Marinaden verwendet und verleiht den Gerichten einen charakteristischen Geschmack und eine knackige Textur.

Sumach (سماق): Sumach ist ein rotes Pulver, das aus den Früchten des Sumachbaums gewonnen wird und einen säuerlichen Geschmack hat. Es wird oft als Gewürz und als Säuerungsmittel in Salaten, Reisgerichten, Eintöpfen und Soßen verwendet, um ihnen eine erfrischende und zitrusartige Note zu verleihen.

Schwarzer Pfeffer (فلفل سیاه): Schwarzer Pfeffer ist eines der am häufigsten verwendeten Gewürze im Iran und verleiht den Gerichten eine scharfe und würzige Note. Er wird oft frisch gemahlen verwendet und kann in nahezu allen herzhaften Gerichten, Suppen, Eintöpfen und Marinaden gefunden werden.

Nelken (قره قلمک): Nelken sind duftende Blütenknospen mit einem warmen und würzigen Geschmack. Sie werden oft in Reisgerichten, Eintöpfen, Marinaden und Desserts verwendet und verleihen den Gerichten einen intensiven Geschmack und ein angenehmes Aroma.

Paprika (فلفل قرمز): Paprika ist ein süßes und würziges Pulver, das aus getrockneten Paprikaschoten gewonnen wird. Im Iran wird Paprika oft als Gewürz und als Farbstoff in Reisgerichten, Eintöpfen, Suppen und Marinaden verwendet, um ihnen eine leuchtend rote Farbe und einen milden Geschmack zu verleihen.

Minze (نعناع): Minze ist ein erfrischendes Kraut mit einem leicht süßen und würzigen Geschmack. Im Iran wird Minze oft frisch oder getrocknet verwendet und kann in Salaten, Joghurtsoßen, Reisgerichten, Eintöpfen und Tee gefunden werden. Sie verleiht den Gerichten eine erfrischende Note und rundet den Geschmack ab.

DIE BESONDERHEIT VON GRILLGERICHTEN

Die Besonderheiten von Grillgerichten aufgrund der Vielzahl an Rezepten sind vielfältig und bieten eine breite Palette von Aromen und Zubereitungsweisen. Diese Vielfalt ermöglicht es, dass Grillgerichte sowohl herzhaft als auch süß, würzig oder mild, knusprig oder zart sein können. Mit einer Fülle von Rezepten aus verschiedenen Kulturen und Traditionen bieten Grillgerichte auch eine kulturelle Vielfalt, die es den Köchen ermöglicht, die Aromen und Techniken aus aller Welt zu erkunden und zu integrieren. Darüber hinaus ermöglicht die Vielzahl an Rezepten den Köchen, saisonale Zutaten und lokale Spezialitäten zu nutzen, um frische und authentische Geschmackserlebnisse zu schaffen.

• Grillgerichte können je nach Rezept und verwendeten Zutaten eine Vielzahl von Geschmacksrichtungen bieten. Von würzigen Marinaden über süße Glasuren bis hin zu rauchigen Aromen gibt es eine schier endlose Auswahl an Geschmacksvariationen.

• Die Vielfalt der Grillgerichte erstreckt sich auch auf ihre Texturen. Von zarten und saftigen Steaks bis hin zu knusprigen Hähnchenflügeln oder dem charakteristischen „Bark" auf einem langsam geräucherten Stück Fleisch bieten Grillgerichte eine breite Palette an Texturen, die jeden Gaumen zufriedenstellen können.

• Grillgerichte sind äußerst vielseitig und können mit einer Vielzahl von Zutaten zubereitet werden, darunter Fleisch, Fisch, Meeresfrüchte, Gemüse, Obst und sogar Käse. Die Möglichkeit, verschiedene Zutaten zu kombinieren und anzupassen, macht Grillgerichte zu einer beliebten Wahl für verschiedene Geschmäcker und Ernährungsbedürfnisse.

• Die Vielfalt an Grillgerichten spiegelt auch die kulturellen Einflüsse wider, die in verschiedenen Regionen und Ländern auf der ganzen Welt existieren. Von würzigen Tandoori-Gerichten aus Indien über saftige Barbecue-

Spezialitäten aus den USA bis hin zu aromatischen Satay-Spießen aus Südostasien bietet jede Kultur ihre eigenen einzigartigen Grillrezepte und Techniken.

• Grillgerichte bieten Raum für kreative Zubereitungsmethoden, sei es durch die Verwendung von speziellen Grilltechniken, wie direktem und indirektem Grillen, Smoken oder Räuchern, oder durch die Experimentierfreudigkeit mit unkonventionellen Zutaten und Gewürzen.

• Aufgrund der kulturellen Vielfalt auf der ganzen Welt gibt es eine Fülle von regionalen Grillgerichten, die durch lokale Traditionen, Zutaten und Zubereitungstechniken geprägt sind. Zum Beispiel sind Barbecue-Gerichte in den USA je nach Region stark unterschiedlich, von würzigem Texas-Brisket bis hin zu würzigen Memphis-Rippchen.

• Die Vielfalt an Grillgerichten erstreckt sich auch auf vegetarische und vegane Optionen. Von gegrilltem Gemüse und Portobello-Pilzen bis hin zu vegetarischen Burger-Pattys und gegrilltem Tofu gibt es zahlreiche köstliche Möglichkeiten für pflanzliche Grillgerichte.

• Grillgerichte bieten Raum für kreative Fusionen verschiedener kulinarischer Traditionen. Durch die Kombination von Zutaten und Techniken aus verschiedenen Ländern entstehen einzigartige Gerichte wie Korean BBQ-Tacos, Thai-Style gegrilltes Hähnchen oder marokkanisch gewürzte gegrillte Lammkoteletts.

• Viele Grillgerichte sind eng mit der Street-Food-Kultur verbunden, insbesondere in Städten auf der ganzen Welt. Straßenstände und Imbisswagen bieten oft eine breite Palette von gegrillten Speisen, die schnell zubereitet und unterwegs genossen werden können, wie gegrillte Maiskolben, Spieße und Falafel-Wraps.

• Neben den Hauptzutaten bieten Grillgerichte auch die Möglichkeit, kreative Beilagen und Soßen zu servieren. Von hausgemachten Salsas und Chutneys bis hin zu würzigen Rubs und Dips gibt es unzählige Möglichkeiten, die Aromen und Texturen der Grillgerichte zu ergänzen und zu verbessern.

Einkaufsliste für die wichtigsten Zutaten

Reis: Basmatireis oder Langkornreis sind beliebte Sorten für die meisten iranischen Gerichte.

Safran: Ein hochwertiges Safranpulver oder Safranfäden werden oft für die aromatische Färbung von Reisgerichten und Desserts verwendet.

Kurkuma: Dieses gelbe Gewürz wird häufig in Reisgerichten und Eintöpfen verwendet und verleiht den Speisen eine leuchtende Farbe und einen milden Geschmack.

Schwarzkümmel: Schwarzkümmel wird oft für die Herstellung von Brot und Gebäck verwendet und verleiht den Speisen einen charakteristischen Geschmack.

Kardamom: Kardamom wird für die Würzung von Tee, Kaffee, Desserts und Reisgerichten verwendet und verleiht den Gerichten ein angenehmes Aroma.

Zimt: Zimt wird häufig in Backwaren, Desserts, Reisgerichten und Eintöpfen verwendet und verleiht den Speisen einen warmen und würzigen Geschmack.

Schwarzer Pfeffer: Frisch gemahlener schwarzer Pfeffer wird in vielen herzhaften Gerichten, Suppen und Eintöpfen verwendet, um den Geschmack zu intensivieren.

Sumach: Sumach wird als Gewürz und Säuerungsmittel in Salaten, Reisgerichten, Eintöpfen und Soßen verwendet und verleiht den Speisen eine erfrischende Note.

Nelken: Nelken werden oft in Reisgerichten, Eintöpfen, Marinaden und Desserts verwendet und verleihen den Gerichten einen intensiven Geschmack und ein angenehmes Aroma.

Minze: Frische oder getrocknete Minze wird oft in Salaten, Joghurtsoßen, Reisgerichten, Eintöpfen und Tee verwendet und verleiht den Speisen eine erfrischende Note.

Granatapfelkerne: Diese werden häufig als Garnitur in Salaten und Reisgerichten verwendet und verleihen den Speisen eine fruchtige und erfrischende Note.

Berberitzen (Zereshk): Berberitzen werden oft in Reisgerichten wie Zereshk Polo verwendet und verleihen den Gerichten eine leicht säuerliche Note.

Rosinen: Rosinen werden in vielen Reisgerichten und Eintöpfen verwendet, um den Speisen eine süße Note zu verleihen und sie mit zusätzlicher Textur zu bereichern.

Walnüsse: Gemahlene oder gehackte Walnüsse werden oft in Gerichten wie Fesenjan (Granatapfel-Walnuss-Eintopf) und in verschiedenen Desserts verwendet, um ihnen eine nussige Note zu verleihen.

Pistazien: Pistazien werden häufig als Garnitur in Desserts wie Bastani-e Za'ferani (Safran-Eiscreme) und in Reisgerichten wie Zereshk Polo verwendet, um den Gerichten eine nussige und knusprige Textur zu verleihen.

Hühnchen: Hühnchen ist eine der am häufigsten verwendeten Fleischsorten in der iranischen Küche und wird oft in Kebabs, Eintöpfen und Reisgerichten verwendet.

Lammfleisch: Lammfleisch ist eine beliebte Fleischsorte im Iran und wird oft in traditionellen Gerichten wie Ghormeh Sabzi (Kräuter-Lamm-Eintopf) und Kebabs verwendet.

Rindfleisch: Rindfleisch wird in vielen Eintöpfen, Suppen und Kebabs verwendet und verleiht den Gerichten einen herzhaften Geschmack.

Auberginen: Auberginen werden oft gegrillt, gebraten oder gedünstet und in verschiedenen Gerichten wie Mirza Ghassemi (Auberginen-Knoblauch-Dip) und Khoresh Bademjan (Auberginen-Eintopf) verwendet.

Joghurt: Joghurt wird in vielen iranischen Gerichten als Beilage oder Grundlage für Soßen und Dressings verwendet und verleiht den Speisen eine cremige Textur und einen leicht sauren Geschmack.

Frühstück

ایرانی مخلوط کردنی (KOODOO-E IRANI) |

IRANISCHES RÜHREI

2 Port. | 10 Min. | Leicht

Zutaten

2 EL Pistazien
Etwas schwarzer Pfeffer
1 Tomate
1 Tasse Dill
4 Eier
½ g Safranfäden
Salz
1 EL Butter

Nährwerte p. P.

403 kcal
8 g Kohlenhydrate
31 g Fett
24 g Eiweiß

1 Zuerst werden die Eier aufgeschlagen und verquirlt. Fügen Sie dann die Safranfäden hinzu und mischen Sie sie gut unter die Eimasse. Hacken Sie den Dill fein und schneiden Sie die Tomate in kleine Würfel. Heben Sie den Dill und die Tomatenwürfel unter die Eimasse und würzen Sie alles großzügig mit Salz und Pfeffer.

2 Erhitzen Sie eine Pfanne und schmelzen Sie die Butter darin. Gießen Sie die Masse in die Pfanne und lassen Sie diese stocken. Mithilfe eines Tellers können Sie das Rührei wenden und von der anderen Seite braten.

3 Portionieren Sie das Gericht auf einem Teller. Streuen Sie die Dillspitzen und die Pistazien darüber.

Tipp: Streuen Sie etwas geriebenen Käse über die Eimasse, bevor Sie diese wenden, um dem Omelett zusätzlichen Geschmack zu verleihen.

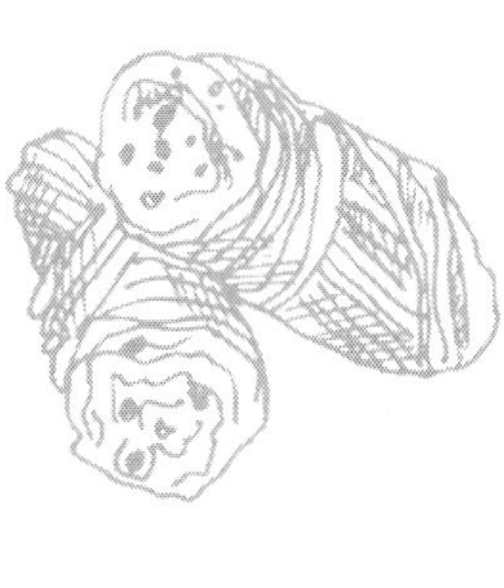

املت خرما (OMELET-E KHOORMA) |
DATTEL-OMELETT

2 Port.

5 Min.

Leicht

Zutaten

2 Eier
3 EL Wasser
2 TL Milch
4 frische Datteln
1 Prise Salz
½ TL Zimt
1 Prise Ingwer
1 TL Butter

Nährwerte p. P.

223 kcal
21 g Kohlenhydrate
11 g Fett
9 g Eiweiß

1 Halbieren und entkernen Sie die Datteln. Geben Sie diese in einen Topf und fügen 3 EL Wasser hinzu. Zudem geben Sie den Zimt und den Ingwer mit hinein. Lassen Sie alles ca. 5 Minuten weich kochen. Dabei bedarf es nur wenig Hitze.

2 Nun können Sie die Eier aufschlagen. Geben Sie die Milch und das Salz hinzu. Schmelzen Sie nun die Butter und braten die Datteln darin an.

3 Gießen Sie dann die verquirlten Eier über die Datteln und lassen Sie sie stocken. Servieren Sie das Gericht auf einem Teller und bestreuen Sie es erneut mit Zimt.

Tipp: Überprüfen Sie regelmäßig, ob die Datteln die gewünschte Konsistenz erreicht haben. Andernfalls könnten sie zu weich werden.

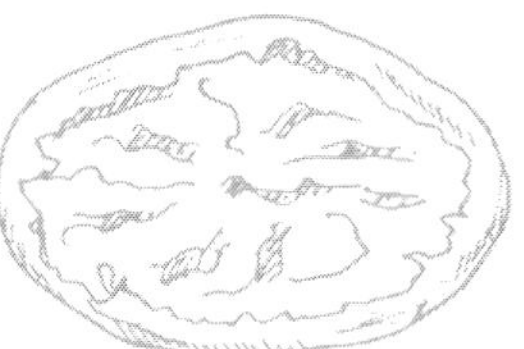

گندم پوریج با گوشت مرغ (ASH-E GANDOM BA GOOSHT-E MORGH) | WEIZEN-PORRIDGE MIT HÜHNERFLEISCH

8 Port.

2 Std. 10 Min.

Leicht

Zutaten

1 Zwiebel (geviertelt)
3 Lorbeerblätter
3 TL Zimt
3 EL Zucker
50 g Butter
1 TL Salz
500 g geschälter Weizen
500 g Hühnerbrust
2,5 Liter kochendes Wasser

Nährwerte p. P.

375 kcal
50 g Kohlenhydrate
20 g Fett
3 g Eiweiß

1 Waschen Sie den geschälten Weizen gründlich und lassen Sie ihn dann über Nacht in ausreichend Wasser einweichen, damit er quellen kann.

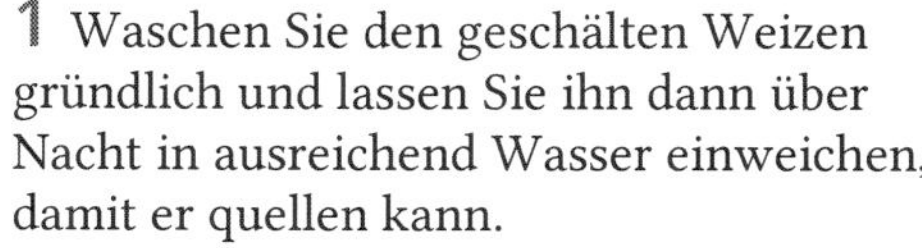

2 Am nächsten Tag entleeren Sie das eingeweichte Wasser und spülen den Weizen gründlich ab. Setzen Sie den Weizen in einem großen Topf mit 1 ½ Litern kochendem Wasser auf und bringen Sie ihn zum Kochen. Reduzieren Sie die Hitze und lassen Sie den Weizen für etwa 2 Stunden sanft köcheln. Fügen Sie gelegentlich etwas kochendes Wasser hinzu, um sicherzustellen, dass der Weizen nicht austrocknet.

3 Währenddessen kochen Sie die Hühnerbrust oder -schenkel in einem separaten Topf, ohne sie zu braten. Häuten Sie die Zwiebel, um sie anschließend zu vierteln.

4 Geben Sie die Zwiebelstücke zusammen mit dem Hühnerfleisch und den Lorbeerblättern in einen weiteren Topf und gießen Sie dann 1 Liter kochendes Wasser darüber.

5 Bringen Sie alles zum Kochen und entfernen Sie den Schaum. Sobald das Fleisch fast fertig ist, fügen Sie Salz hinzu. Nehmen Sie das gekochte Hühnerfleisch aus dem Topf und zerkleinern Sie es mit einer Gabel.

6 Durch ein Sieb geben und die Fleischbrühe beiseitestellen. In einem separaten Topf erwärmen Sie den Weizenbrei zusammen mit dem zerkleinerten Hühnerfleisch und der Hühnerbrühe bei geringer Hitze. Schmelzen Sie die Butter in einem separaten Topf und vermengen Sie den Zucker mit dem Zimt.

7 Servieren Sie den Weizenbrei, garniert mit der geschmolzenen Butter und der Zucker-Zimt-Mischung.

Tipp: Geben Sie verschiedene Gewürze nach Ihrem Geschmack hinzu.

املت گیاهی ایرانی (KOOKOO-E SABZI-E IRANI) | IRANISCHES KRÄUTEROMELETT

4 Port. 30 Min. Leicht

Zutaten

3 EL Sonnenblumenöl
1 Lauchstange
40 g Dill
1 Zwiebel
Je 40 g Petersilie und Koriander
8 Eier
1 Prise Kurkuma
Je 1 Prise Salz und Pfeffer
½ Päckchen Backpulver

Nährwerte p. P.

244 kcal
16 g Kohlenhydrate
12 g Fett
15 g Eiweiß

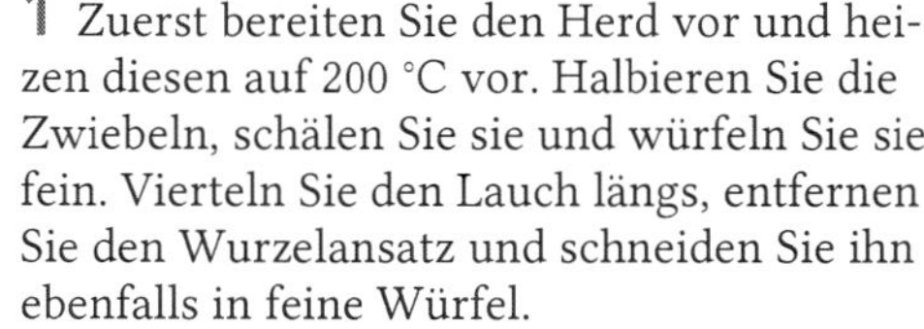

1 Zuerst bereiten Sie den Herd vor und heizen diesen auf 200 °C vor. Halbieren Sie die Zwiebeln, schälen Sie sie und würfeln Sie sie fein. Vierteln Sie den Lauch längs, entfernen Sie den Wurzelansatz und schneiden Sie ihn ebenfalls in feine Würfel.

2 Waschen Sie den Lauch gründlich und lassen Sie ihn abtropfen. Geben Sie 1 EL ÖL in Ihre Pfanne und erhitzen dieses. Geben Sie die Lauchwürfel und die Zwiebelwürfel hinein. Schwitzen Sie beides ca. 10 Minuten lang gut an.

3 In der Zwischenzeit waschen Sie den Dill, die Petersilie und den Koriander, entfernen grobe Stiele und hacken sie fein. Verquirlen Sie die aufgeschlagenen Eier. Im Anschluss fügen Sie die gehackten Kräuter, Kurkuma und 1 TL Backpulver hinzu. Geben Sie außerdem Pfeffer und Salz mit hinein. Vermengen Sie alles gründlich und heben Sie anschließend die Zwiebel-Lauch-Mischung unter.

4 Nehmen Sie eine weitere Pfanne und säubern Sie die erste. Darin erhitzen Sie nun 2 EL Öl. Gießen Sie die Omelettmasse hinein und braten Sie sie mit geschlossenem Deckel etwa 6 bis 8 Minuten lang, bis sie fest geworden ist.

5 Stellen Sie die Pfanne anschließend für ca. 8 Minuten in den Backofen. Backen Sie das Omelett schön goldbraun aus. Wenn das Omelett fertig ist, können Sie es kurz abkühlen lassen und anschließend servieren.

Tipp: Eine cremige Joghurtsoße mit Knoblauch und Minze verleiht dem Gericht eine erfrischende Note und rundet den Geschmack ab.

صبحانه ایرانی شیرین (SOBHANEH-YE SHIRINI-E IRANI) | SÜßES IRANISCHES FRÜHSTÜCK

4 Port.

15 Min.

Leicht

Zutaten

2 Naan-Brote
4 EL Honig
80 ml geronnene Sahne

Nährwerte p. P.

430 kcal
59 g Kohlenhydrate
19 g Fett
7 g Eiweiß

1 Geben Sie die Sahne in eine Schüssel hinein. Verteilen Sie den Honig darauf und verrühren beides.

2 Anschließend erwärmen Sie das Brot leicht.

3 Verteilen Sie das Sahne-Honig-Gemisch auf dem Brot und genießen Sie es.

Tipp: Um sicherzustellen, dass die Sahne und der Honig gleichmäßig gemischt werden, können Sie den Honig vor dem Hinzufügen leicht erwärmen. Dadurch wird er geschmeidiger und lässt sich besser mit der Sahne vermengen.

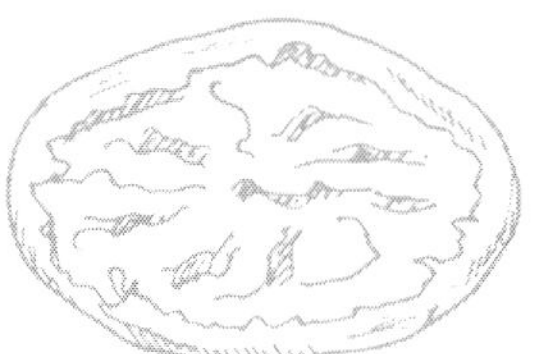

پنکیک کدو حلوایی ایرانی (PANCAKE-E KADU-E IRANI) |

PERSISCHE KÜRBISPANCAKES

4 Port.

15 Min.

Leicht

Zutaten

1 Prise Salz
1 TL Rosenwasser
2 TL Backpulver
2 Eier
4 Kardamomkapseln
100 g Roh-Rohrzucker
100 g Reismilch
150 g Reismehl
200 g Kürbispüree
1 Handvoll Walnüsse
Etwas Kokosöl zum Braten
Etwas Dattelsirup zum Servieren
Feigen, Blaubeeren und Granatapfelkerne zum Garnieren
Puderzucker zum Bestreuen

Nährwerte p. P.

351 kcal
46 g Kohlenhydrate
15 g Fett
8 g Eiweiß

1 Öffnen Sie die Kardamomkapseln und nehmen Sie die Samen heraus. Mahlen Sie die Samen fein.

2 Mit einem großen Messer können Sie nun die Walnüsse zerkleinern.

3 In einer Schüssel vermengen Sie die Reismilch, den Roh-Rohrzucker, das Rosenwasser und die gemahlenen Kardamomsamen.

4 Geben Sie die Eier hinein und rühren alles gut durch.

5 Fügen Sie das Backpulver, 1 Prise Salz und das Reismehl hinzu. Vermengen Sie alles zu einem schönen Teig.

6 Rühren Sie das Kürbispüree unter, bis es vollständig im Teig verteilt ist.

7 Erhitzen Sie etwas von dem Kokosöl in einer Pfanne.

8 Im nächsten Schritt geben Sie den Teig portionsweise in die Pfanne. Backen Sie jeden Pancake von beiden Seiten goldgelb.

9 Arrangieren Sie die Pancakes auf einem Teller und garnieren Sie sie mit gehackten Walnüssen, Feigen, Blaubeeren, Granatapfelkernen und einem Hauch Puderzucker.

10 Servieren Sie die Pancakes mit einem Hauch Dattelsirup und genießen Sie sie!

Tipp: Wenn Sie die Pancakes fluffiger machen möchten, können Sie die Eier trennen und das Eiweiß steif schlagen.

خرما با پسته (KHOORMA BA PESTE) |

DATTELN MIT PISTATZIEN

18 Port.

30 Min.

Leicht

Zutaten

18 Datteln
90 g Pistazien
3 TL Rosenwasser
3 TL Ahornsirup
1 ½ EL Birkenzucker
⅓ TL Salz

Nährwerte p. P.

201 kcal
31 g Kohlenhydrate
11 g Fett
5 g Eiweiß

1 Legen Sie eine Pistazie pro Dattel zur Seite, um sie später zum Verzieren zu verwenden.

2 Rösten Sie die restlichen Pistazien in einer Pfanne trocken an, bis sie anfangen zu duften.

3 Pürieren Sie sie dann mit Rosenwasser, Ahornsirup und Salz in der Küchenmaschine.

4 Schneiden Sie die Medjool-Datteln in der Mitte längs ein und entfernen Sie den Kern.

5 Die Pistazienmischung kann nun mithilfe eines Teelöffels in die Datteln gegeben werden.

6 Befüllen Sie einen Teller mit Birkenzucker, um die Datteln darin zu wälzen.

7 Verzieren Sie jede Dattel abschließend mit einer Pistazie.

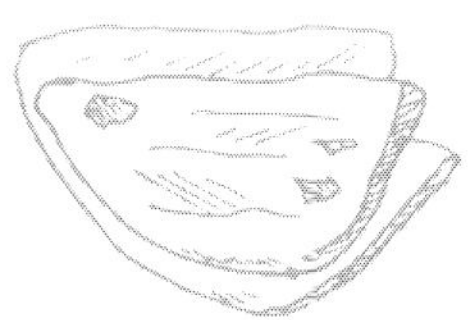

Tipp: Stellen Sie die Datteln vor dem Servieren für etwa 15 - 30 Minuten in den Kühlschrank. Dadurch können sich die Aromen besser entfalten und die Datteln werden etwas fester.

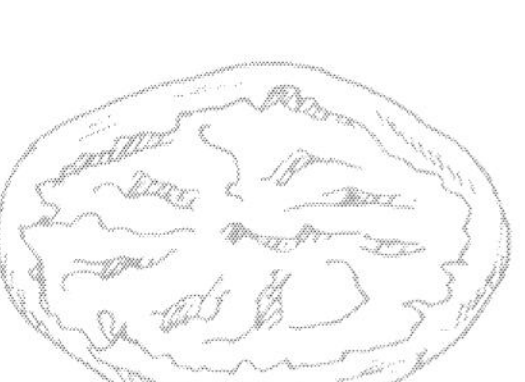

دسر شیرین با برنج و گلاب (SHIRINI BA BERENJ VA GOLAB) |

SÜSSPEISE MIT REIS UND ROSENWASSER

 5 Port.

 20 Min.

 Leicht

Zutaten

6 EL Reismehl
1 Liter Milch
1 EL Rosenwasser
Etwas Safran
Zucker

Nährwerte p. P.

302 kcal
42 g Kohlenhydrate
16 g Fett
8 g Eiweiß

1 Mischen Sie zunächst das Reismehl mit dem Zucker. Anschließend vermengen Sie die Mischung mit Rosenwasser und kalter Milch.

2 Geben Sie die Mischung in einen Topf und erhitzen diese. Je nachdem, welche Konsistenz Sie bevorzugen, lassen Sie die Mischung köcheln. Maximal sollten es jedoch 15 Minuten sein.

3 Gießen Sie die Mischung dann in eine Schüssel oder Portionsschälchen und stellen Sie sie kalt.

4 Um diesem Dessert eine schöne gelbe Farbe zu verleihen, können Sie etwas aufgelösten Safran hinzufügen. Es sieht auch hübsch aus, wenn es mit zartrosa Speisefarbe gefärbt wird.

Tipp: Weichen Sie die Safranfäden vor der Verwendung ca. 15 Minuten in warmem Wasser oder Milch ein. So entfalten sich die Aromen und färben Ihr Gericht gleichmäßig.

Salate

شیرازی سالاد (SHIRAZI SALAT)

GURKEN-TOMATEN-SALAT

2 Port. | 10 Min. | Leicht

Zutaten

1 Salatgurke
1 Handvoll Petersilie
3 Tomaten
½ rote Zwiebel

Dressing
Limettensaft
1 Prise Kreuzkümmel
1 Prise Bockshornklee
3 EL Olivenöl
1 Prise Salz

Nährwerte p. P.

153 kcal
18 g Kohlenhydrate
13 g Fett
4 g Eiweiß

1 Beginnen Sie damit, die Tomaten und die Gurke gründlich zu waschen und würfeln Sie beides.

2 Schälen und würfeln Sie die Zwiebel. Brausen Sie die Kräuter kurz ab und schütteln diese trocken.

3 Danach hacken Sie diese grob. Geben Sie alle Zutaten für das Dressing in eine Schüssel und vermengen Sie sie gründlich.

4 Schmecken Sie vor dem Servieren noch einmal ab.

Tipp: Servieren Sie den Salat mit frisch gebackenem Fladenbrot und verschiedenen Dips wie Joghurt-Dip (Maast-o-Musir) oder Auberginen-Dip (Kashk-e Bademjan).

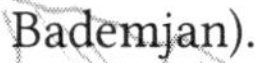

سالاد سیب زمینی ایرانی (SALAT-E SIBZAMINI) | KARTOFFELSALAT

4 Port.

20 Min.

Leicht

Zutaten

4 EL Sojajoghurt
1 Bund Frühlingszwiebeln
250 g Gewürzgurken
500 g Kartoffeln
4 EL Mayo
150 g gefrorene Erbsen und Möhren
Etwas Zitronensaft
Salz, Pfeffer

Nährwerte p. P.

785 kcal
97 g Kohlenhydrate
226 g Fett
38 g Eiweiß

1 Kochen Sie alle Kartoffeln mit Schale. Spülen Sie diese anschließend kalt ab und entfernen die Schale. Danach werden sie gewürfelt.

2 Geben Sie Möhren und Erbsen in einen Topf und gießen kochendes Wasser darüber. Das Gemüse darf nun einige Minuten köcheln und wird dann mit kaltem Wasser abgespült.

3 Geben Sie die Möhren und Erbsen zu den Kartoffelwürfeln. Mischen Sie außerdem die Gewürzgurken und die Frühlingszwiebeln unter.

4 Füllen Sie die Mayo in eine Schüssel und rühren den Sojajoghurt unter. Schmecken Sie alles mit Pfeffer und Salz ab. Anschließend rühren Sie die Mischung unter den Salat.

5 Würzen Sie nach Ihrem Geschmack mit Salz nach und geben Sie Zitronensaft hinein. Am besten schmeckt der Salat, wenn Sie ihn für 1 Stunde in den Kühlschrank stellen.

Tipp: Fügen Sie frische fein gehackte Kräuter wie Petersilie, Dill oder Schnittlauch dem Salat hinzu, bevor Sie das Mayo-Dressing unterrühren. Dies wird dem Salat Frische und einen zusätzlichen Geschmacksschub verleihen, der ihn noch köstlicher macht.

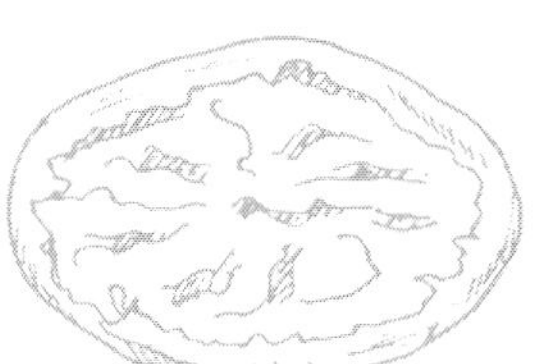

سالاد الویه (SALAT OLIVIEH) | OLIVENSALAT

2 Port.

1 Std. 40 Min.

Leicht

Zutaten

6 Tassen Wasser
140 g Mais
1 - 2 Chilischoten
½ Becher Vollkornreis
150 g gefrorene Erbsen
6 Tomaten
Salat
½ Avocado
½ Gurke

Dressing
½ TL Dijon-Senf
2 TL Ahornsirup
3 - 4 EL Olivenöl
1 Prise schwarzer Pfeffer
1 Knoblauchzehe
1 Prise Salz
1 EL Reisessig
1 - 2 EL Zitronensaft

Deko
Zitronenscheiben
Petersilie

Nährwerte p. P.

807 kcal
90 g Kohlenhydrate
42 g Fett
17 g Eiweiß

1 Geben Sie das Wasser zum Kochen in einen Topf. Waschen Sie den Reis gründlich. Geben Sie ihn danach in das kochende Wasser, rühren Sie einmal um und lassen Sie ihn dann ohne Deckel kochen.

2 Gießen Sie den Reis nach einer halben Stunde ab. Stellen Sie den Herd auf kleine Flamme ein. Füllen Sie ihn anschließend wieder in den Topf, wo er weitere 10 Minuten mit geschlossenem Deckel ziehen darf.

3 Geben Sie die Erbsen mit heißem Wasser in einen Topf, wo sie einige Minuten garen können. Anschließend werden sie abgegossen, mit kaltem Wasser abgespült und mit den gewürfelten Tomaten und der gewürfelten Gurke sowie Mais gemischt.

4 Waschen und hacken Sie die Chilischoten klein. Halbieren Sie die Avocado, entfernen ihren Kern und schneiden das Fruchtfleisch in der Schale in Würfel.

5 Mischen Sie den Reis unter den Salat und fügen die Avocadowürfel und die gehackten Chilischoten ebenso hinzu. Geben Sie die Dressingzutaten in eine Schüssel und vermengen diese miteinander. Anschließend wird es über dem Salat verteilt.

6 Verteilen Sie den Salat in Schüsseln und geben eine Scheibe Zitrone zur Deko darauf. Streuen Sie außerdem noch etwas Petersilie darüber.

Tipp: Weichen Sie den Reis etwa 30 Minuten vor dem Kochen in Wasser ein. Dadurch verringert sich die Kochzeit.

سالاد گیاهی (SALAT-E SABZI) |

KRÄUTERSALAT

4 Port. 30 Min. Leicht

Zutaten

Salat
2 Bund glatte Petersilie
2 kleine Pita-Brote
2 Bund Koriander
4 EL Olivenöl
2 Bund Minze
100 g Pistazien
2 Bund Dill
1 Knoblauchzehe
250 g Rote Johannisbeeren

Dressing
4 EL Olivenöl
Salz, Pfeffer
2 EL Zitronensaft
4 EL Granatapfelsaft
3 EL Honig

Nährwerte p. P.

560 kcal
40 g Kohlenhydrate
35 g Fett
10 g Eiweiß

1 Waschen und trocknen Sie zunächst die Kräuter gründlich und zupfen Sie die Blätter von den Stielen. Von der Petersilie legen Sie eine Handvoll für später beiseite. Alle anderen Kräuter werden in einer Schüssel vermengt.

2 Waschen Sie die Johannisbeeren, lassen Sie sie abtropfen und zupfen Sie sie von den Stielen.

3 Mit einem Messer werden nun die Pistazien grob gehackt.

4 Heizen Sie Ihren Backofen auf ca. 200 °C (Umluft) vor. Belegen Sie ein Blech mit Backpapier.

5 Hacken Sie die restliche Petersilie fein und pressen Sie den Knoblauch. Vermischen Sie den Knoblauch mit 4 EL Olivenöl und der gehackten Petersilie.

6 Schneiden Sie die Pita-Brote auf und legen Sie diese auf das Backblech. Verteilen Sie die Öl-Knoblauch-Mischung gleichmäßig auf den Broten. Backen Sie sie dann für etwa 7 Minuten im Ofen, bis sie knusprig sind.

7 In der Zwischenzeit kann das Dressing vorbereitet werden, indem Sie alle Zutaten miteinander vermischen. Schmecken Sie es außerdem mit Salz und nach Ihrem Geschmack mit Pfeffer ab.

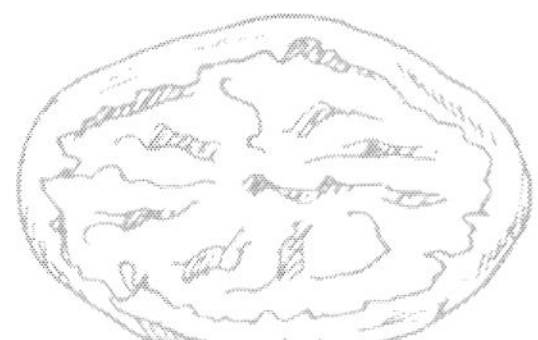

8 Die Pita-Brote können aus dem Ofen genommen werden und dürfen etwas auskühlen. Anschließend werden diese in Stücke gebrochen.

9 Auf einem Teller oder in einer Schüssel können Sie den Salat anrichten und mit Dressing beträufeln. Streuen Sie die gehackten Pistazien und die Johannisbeeren darüber. Fügen Sie außerdem die Brotstücke hinzu.

Tipp: Bestreichen Sie die Pita-Brote mit etwas Olivenöl, so bleiben die Kräuter besser daran haften.

فصل سالاد (SALAD-E FASL) |
SAISONALER SALAT

4 Port. 15 Min. Leicht

Zutaten

Salat
3 Karotten
½ Rotkohl
½ Weißkohl
Topping
1 Karotte
½ Gurke
2 Cherrytomaten

Dressing
4 EL Joghurt
Saft einer Zitrone
3 EL Olivenöl
Salz, Pfeffer
Saft einer Orange

Nährwerte p. P.

790 kcal
20 g Kohlenhydrate
78 g Fett
5 g Eiweiß

1 Schneiden Sie Rot- und Weißkohl mit einer Mandoline in feine Streifen. Reiben Sie 3 der 4 Karotten fein.

2 Die 4. Karotte schneiden Sie in Scheiben, um sie für die Blumen zu verwenden. Die Gurke wird nun in Streifen geschnitten. Aus diesen werden Stiele und Blätter geschnitten.

3 Dekorieren Sie das Gemüse schräg auf einem Tablett. Formen Sie Blüten aus den Karotten und Tomaten und legen Sie die Stiele und Blätter aus Gurken dazu.

4 Pressen Sie Zitrone und Orange aus, mischen Sie alle Zutaten und stellen Sie die Soße in einem Extra-Kännchen zum Salat bereit.

Tipp: Legen Sie das Gemüse vor dem Anrichten in eiskaltem Wasser ein. Dadurch wird das Gemüse knackig und erhält eine erfrischende Note.

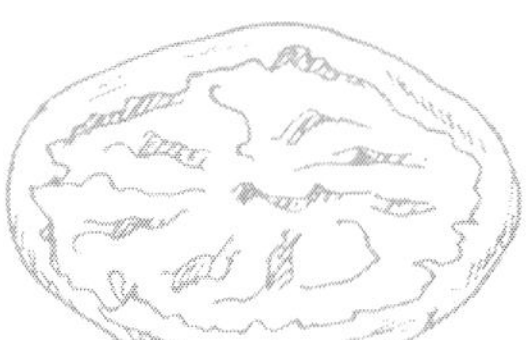

سالاد الویه سیب زمینی (SALAT-E SIBZAMINI-E OLIVIEH) | OLIVIER-KARTOFFELSALAT

 6 Port.  30 Min.  Leicht

Zutaten

4 TL Mayonnaise
750 g Kartoffeln
Saft einer Zitrone
Ein kleines Brathähnchen
Salz, Pfeffer
300 g Gurken
6 TL griechischer Joghurt
2 Bund geschnittene Frühlingszwiebeln
8 Eier
150 g Erbsen
Koriander, Petersilie, Schnittlauch
2 TL Olivenöl

Nährwerte p. P.

650 kcal
25 g Kohlenhydrate
25 g Fett
35 g Eiweiß

1 Geben Sie Wasser und Salz in einen Topf und bringen es zum Kochen. Geben Sie die ungeschälten Kartoffeln hinein und kochen diese weich. Anschließend werden sie abgespült, geschält und gewürfelt. Geben Sie die Würfel direkt in eine Schüssel.

2 Fügen Sie das zerkleinerte Hühnchen, fein gehackte Gurken, gehackte Frühlingszwiebeln, gewürfelte hart gekochte Eier, Erbsen und Kräuter hinzu. Mischen Sie alles von Hand, achten Sie darauf, dass die Zutaten des Olivieh-Salats nicht zerdrückt werden.

3 In einer separaten Schüssel mischen Sie Mayonnaise, Zitronensaft und Olivenöl. Schmecken Sie mit Salz und etwas Pfeffer ab. Für eine leichtere Version des Olivieh-Salats können Sie 6 EL griechischen Joghurt für 4 EL Mayonnaise hinzufügen.

4 Geben Sie das Dressing über den Salat und heben es vorsichtig unter. Probieren Sie Ihren Salat und fügen Sie bei Bedarf etwas Salz, Pfeffer oder Zitronensaft hinzu.

5 Lassen Sie den Olivieh-Salat 1 Stunde im Kühlschrank ruhen und servieren Sie ihn als Vorspeise.

Tipp: Sie könnten auch geröstete Paprikaschoten oder Oliven als zusätzliche Zutaten verwenden, um dem Salat eine mediterrane Note zu verleihen.

فتوش سالاد (FATTOUSH SALAD) |

FATTOUSH-SALAT

8 Port.

15 Min.

Leicht

Zutaten

Salat
3 Frühlingszwiebeln
300 g Spargel, grün
½ Bund Petersilie
2 Romanasalate
1 ½ Bund Radieschen
3 Tomaten
1 Bund Pfefferminzblätter
1 Salatgurke
1 Paprika je gelb, grün, rot

Dressing
3 Knoblauchzehen
6 EL Olivenöl
1 EL Sumach
Saft von 1 ½ Zitronen
2 cm Ingwer
1 Schuss Balsamico Bianco

Nährwerte p. P.

36 kcal
5 g Kohlenhydrate
0 g Fett
2 g Eiweiß

1 Schneiden Sie die Enden des Spargels ab und schälen Sie ihn etwa 2 bis 3 cm lang. Schneiden Sie ihn dann schräg in Stücke und kochen Sie ihn bissfest. Lassen Sie ihn anschließend abkühlen.

2 Waschen Sie die Gurke gründlich, ohne sie zu schälen. Bereiten Sie alle Gemüse und Kräuter vor, indem Sie sie waschen und zubereiten. Waschen und vierteln Sie die Tomaten. Danach schneiden Sie diese in Scheiben.

3 Vierteln Sie die Radieschen. Waschen Sie die Paprika, entfernen Sie die Samen und die Scheidewände. Schneiden Sie das Grüne der Frühlingszwiebeln schräg in Ringe und das Weiße in Streifen.

4 Waschen und halbieren Sie die Gurke. Entfernen Sie das Innenleben der Gurke und schneiden Sie sie in Scheiben. Schneiden Sie die Petersilie und die Pfefferminze in feine Streifen. Schwingen Sie den Romanasalat gut und tupfen Sie ihn bei Bedarf trocken.

5 Für das Dressing: Mischen Sie die Dressingzutaten miteinander. Geben Sie dieses über den Salat und genießen Sie diesen.

Tipp: Zu diesem Salat passt ein schönes Steak perfekt dazu.

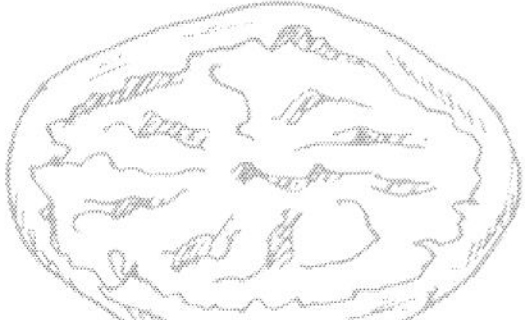

سالاد سیب زمینی با نخود (SALAT-E SIBZAMINI BA NOKHOD) |

KARTOFFELSALAT MIT ERBSEN

3 Port.

40 Min.

Leicht

Zutaten

300 g kleine Kartoffeln
Pfeffer
200 g junge Erbsen
¼ TL Senfsamen, Kurkuma und Kreuzkümmel
1 - 2 Schalotten
2 Knoblauchzehen
1 EL Pflanzenöl
Limette
Joghurt
Fladenbrot

Nährwerte p. P.

280 kcal
46 g Kohlenhydrate
6 g Fett
8 g Eiweiß

1 Geben Sie die Kartoffeln ungeschält in Salzwasser und kochen diese weich. Anschließend werden sie mit kaltem Wasser abgespült, geschält und gewürfelt.

2 Braten Sie die Senfsamen in einer heißen Pfanne mit Öl, bis sie zu springen beginnen. Fügen Sie dann die Schalotte und den Knoblauch hinzu, gefolgt von Kurkuma, Kreuzkümmel und Pfeffer, und kochen Sie alles, bis die Schalotte glasig ist.

3 Geben Sie die Erbsen für 2 - 3 Minuten in kochendes Wasser, gießen Sie sie dann ab und lassen Sie sie abtropfen. Zusammen mit den Kartoffeln werden diese nun mit in die Pfanne gegeben.

4 Kochen Sie alles für 3 Minuten, fügen Sie dann etwas Limettensaft hinzu und würzen Sie nach Geschmack. Stellen Sie den Herd aus, nehmen die Pfanne herunter und lassen alles abkühlen. Danach können Sie den Salat genießen.

5 Servieren Sie den Salat mit Naturjoghurt als Dip und genießen Sie ihn mit Fladenbrot.

Tipp: Streuen Sie geröstete Nüsse über den Salat. Diese verfeinern ihn durch die feinen Röstaromen.

Suppen

آش رشته (ASH-E RESHTEH) |

IRANISCHE NUDELSUPPE

6 Port.

45 Min.

Mittel

Zutaten

200 g Reshteh (iranische Nudeln)
Zitronensaft
1 große Zwiebel
1 TL Paprikapulver
3 Knoblauchzehen
200 g Koriander
Salz, Pfeffer
1 TL gemahlener Koriander
200 g Spinat
400 g weiße Bohnen
200 g Petersilie
200 g Frühlingszwiebeln
1 TL Kurkuma
1 TL gemahlener Kreuzkümmel
2 Liter Gemüsebrühe
Olivenöl zum Braten

Nährwerte p. P.

250 kcal
45 g Kohlenhydrate
4 g Fett
12 g Eiweiß

1 Zwiebel und Knoblauch können Sie direkt zu Beginn schälen und würfeln. Anschließend wird Olivenöl erhitzt, um die gewürfelte Zwiebel und den Knoblauch glasig zu dünsten.

2 Vermengen Sie Paprikapulver, Kurkuma, Koriander und den Kreuzkümmel. Die Gewürzmischung geben Sie danach in den Topf hinein. Es folgen die weißen Bohnen, die ebenfalls mit angebraten werden.

3 Löschen Sie alles mit der Gemüsebrühe ab. Kochen Sie die Mischung auf. Danach stellen Sie den Herd auf kleine Flamme, damit alles bei schwacher Hitze etwa 15 - 20 Minuten köcheln kann. Währenddessen kochen Sie die Reshteh-Nudeln in einem separaten Topf al dente nach Packungsanweisung.

4 Geben Sie den gehackten Spinat, Petersilie, Koriander und Frühlingszwiebeln zur Suppe und lassen Sie sie weitere 5 Minuten köcheln. Mischen Sie die fertigen Nudeln unter die Suppe.

5 Geben Sie Salz und Zitronensaft hinzu. Schmecken Sie außerdem mit Pfeffer ab. Anschließen kann das Gericht serviert werden.

Tipp: Servieren Sie die Ash-e Reshteh mit frischem Fladenbrot oder Lavash. Sie können auch Joghurt darauf verteilen. Minzblätter eignen sich nicht nur als Garnitur, sondern verbessern den Geschmack ungemein.

آش انار (ASH-E ANAR) | GRANATAPFELSUPPE

4 Port. 40 Min. Leicht

Zutaten

1 TL gemahlene Kurkuma
1 Tasse gelbe Linsen
Salz, Pfeffer
1 große Zwiebel
1 TL gemahlener Kreuzkümmel
1 Tasse Granatapfelkerne
2 Knoblauchzehen
1 TL Paprikapulver
1 Liter Gemüsebrühe
1 Tasse Granatapfelsaft
1 TL gemahlener Koriander
Olivenöl zum Braten
Frische Petersilie oder Koriander zum Garnieren

1 Waschen Sie die gelben Linsen gründlich. Entfernen Sie die Schale von Zwiebel und Knoblauch. Würfeln Sie anschließend beides. Geben Sie Olivenöl in einen Topf und schwitzen darin die Zwiebel- und Knoblauchwürfel an.

2 Fügen Sie die gemahlenen Gewürze hinzu und vermengen alles gründlich.

3 Geben Sie die Linsen hinein, die Sie ebenfalls mit anbraten. Geben Sie die Gemüsebrühe zum Ablöschen hinein. Kochen Sie alles auf, stellen den Herd dann auf kleine Flamme. Die Suppe kann nun ca. 20 Minuten langsam köcheln. Probieren Sie zwischendurch, ob die Linsen weich sind.

4 Als Nächstes wird der Granatapfelsaft hineingegossen und die Granatapfelkerne untergerührt. Schmecken Sie die Suppe mit Pfeffer sowie Salz ab.

5 Wenn Sie die Suppe servieren, können Sie Petersilie darüberstreuen.

Nährwerte p. P.

182 kcal
33 g Kohlenhydrate
6 g Fett
7 g Eiweiß

Tipp: Sie können auch Joghurt oder saure Sahne als Garnitur hinzufügen, um einen cremigen Kontrast zu den saftigen Granatapfelkernen zu erhalten.

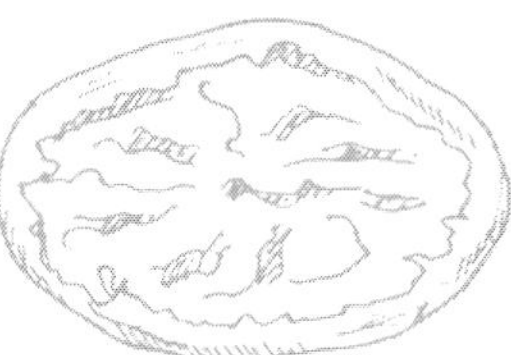

آش جو (ASH-E JOW) | GRAUPENSUPPE

 4 Port.

 1 Std.

 Mittel

Zutaten

1 Stange Sellerie
1 Tasse Perlgraupen
1 TL Paprikapulver
1 große Zwiebel
1 TL gemahlene Kurkuma
1 Liter Gemüsebrühe
2 Knoblauchzehen
Salz, Pfeffer
2 Kartoffeln
1 TL gemahlener Koriander
2 Karotten
1 TL gemahlener Kreuzkümmel
Olivenöl zum Braten
Frische Kräuter zum Garnieren

Nährwerte p. P.

221 kcal
39 g Kohlenhydrate
5 g Fett
7 g Eiweiß

1 Waschen Sie die Perlgraupen gründlich. Entfernen Sie die Schale von Knoblauch und Zwiebel. Schneiden Sie beides in feine Würfel. Diese werden in etwas Olivenöl glasig gedünstet.

2 Fügen Sie den gehackten Knoblauch hinzu und braten Sie ihn kurz mit, bis er duftet. Schälen und würfeln Sie die Kartoffeln und Karotten sowie den Sellerie. Das Gemüse braten Sie ebenfalls kurz mit an.

3 Mischen Sie alle gemahlenen Gewürze unter.

4 Fügen Sie die Perlgraupen hinzu und gießen Sie die Gemüsebrühe hinein. Bringen Sie die Suppe zum Kochen.

5 Reduzieren Sie die Hitze und lassen Sie die Suppe bei schwacher Hitze etwa eine halbe Stunde köcheln, bis alles weich ist. Schmecken Sie die Ash-e Jow mit Salz und Pfeffer ab.

6 Vor dem Servieren können Sie die Kräuter Ihrer Wahl darüberstreuen.

Tipp: Rühren Sie etwas Zitronensaft unter und garnieren die Suppe mit Joghurt. Dieser verleiht ihr eine cremige Konsistenz.

آش دوغ (ASH-E DOOGH) | JOGHURTSUPPE

4 Port.

30 Min.

Leicht

Zutaten

2 EL Olivenöl
1 Liter Joghurt
1 TL gemahlene Kurkuma
4 Tassen Wasser
2 EL getrocknete Minze
Salz, Pfeffer
2 Eier
3 EL Maismehl
2 Knoblauchzehen
Frische Kräuter zum Garnieren (z. B. Petersilie oder Koriander)

Nährwerte p. P.

182 kcal
17 g Kohlenhydrate
11 g Fett
9 g Eiweiß

1 Geben Sie den Joghurt in eine große Schüssel und rühren langsam das Wasser unter, bis eine glatte Mischung entsteht. In einer separaten Schüssel werden anschließend die Eier verquirlt und das Maismehl untergerührt, bis eine homogene Paste entsteht.

2 Die Ei-Maismehl-Paste unter ständigem Rühren in den Joghurt einrühren, um Klumpen zu vermeiden. Geben Sie Olivenöl in einen Topf und erhitzen dieses. Braten Sie darin den gehackten Knoblauch an.

3 Fügen Sie Minze und Kurkuma hinzu und braten Sie die Gewürze kurz mit. Kochen Sie die Joghurtmischung unter ständigem Rühren kurz auf.

4 Köcheln Sie die Suppe ca. 20 Minuten bei niedriger Flamme. Schmecken Sie mit Salz und Pfeffer ab. Streuen Sie vor dem Servieren die Kräuter darüber.

Tipp: Diese Ash-e Doogh Suppe wird traditionell mit Reis oder Fladenbrot serviert. Sie können auch einen Schuss Zitronensaft hinzufügen, um den Geschmack zu verbessern.

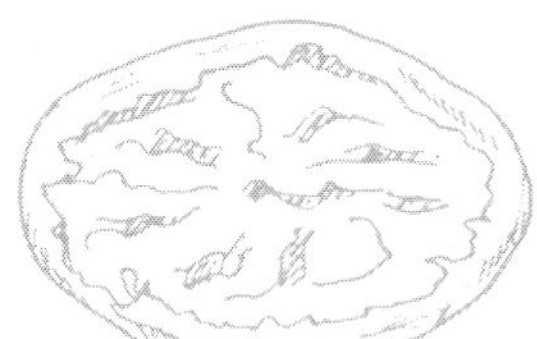

آش لوبیا (ASH-E LOOBIA) | BOHNENSUPPE

4 Port.

1 Std.

Leicht

Zutaten

1 TL gemahlene Kurkuma
1 Tasse getrocknete weiße Bohnen
1 große Zwiebel
2 EL Tomatenmark
2 Knoblauchzehen
1 TL gemahlener Koriander
2 Kartoffeln
Salz, Pfeffer
2 Karotten
1 Liter Gemüsebrühe
1 TL gemahlener Kreuzkümmel
1 TL Paprikapulver
Olivenöl zum Braten
Frische Kräuter zum Garnieren (z. B. Petersilie oder Koriander)

1 Die getrockneten weißen Bohnen weichen Sie am besten über Nacht in Wasser ein. Schälen und würfeln Sie Zwiebel und Knoblauch.

2 Erhitzen Sie etwas Olivenöl und braten Sie die gehackte Zwiebel und den Knoblauch darin glasig.

3 Schälen und würfeln Sie die Kartoffeln und Karotten. Danach können diese direkt mit angebraten werden.

4 Fügen Sie das Tomatenmark hinzu und vermischen Sie alles gut. Geben Sie die gemahlenen Gewürze hinzu und braten Sie sie kurz mit.

5 Geben Sie die weißen Bohnen und die Gemüsebrühe in den Topf. Bringen Sie die Suppe zum Kochen und lassen Sie sie bei schwacher Hitze etwa eine halbe Stunde köcheln.

6 Schmecken Sie mit Salz und Pfeffer ab. Garnieren Sie mit Kräutern Ihrer Wahl und servieren Sie die Suppe.

Nährwerte p. P.

220 kcal
35 g Kohlenhydrate
5 g Fett
10 g Eiweiß

Tipp: Für einen intensiven Geschmack können Sie getrocknete Zitronen mitkochen.

عدسی (ADASI) |

LINSENSUPPE

4 Port.

45 Min.

Mittel

Zutaten

1 TL gemahlener Kreuzkümmel
1 Tasse rote Linsen
1 große Zwiebel
1 Liter Gemüsebrühe
2 Knoblauchzehen
1 TL gemahlene Kurkuma
2 Kartoffeln
2 EL Tomatenmark
2 Karotten
Salz, Pfeffer
1 Stange Sellerie
1 TL gemahlener Koriander
1 TL Paprikapulver
Olivenöl zum Braten
Frische Kräuter zum Garnieren

Nährwerte p. P.

222 kcal
40 g Kohlenhydrate
4 g Fett
10 g Eiweiß

1 Waschen Sie die roten Linsen gründlich. Schälen Sie Knoblauch und Zwiebeln. Anschließend wird beides fein gehackt.

2 Erhitzen Sie etwas Olivenöl und dünsten darin die gehackte Zwiebel glasig. Fügen Sie den gehackten Knoblauch hinzu und braten Sie ihn kurz mit, bis er duftet.

3 Schälen und würfeln Sie Kartoffeln, Karotten und Sellerie. Geben Sie das Gemüse zu den Zwiebeln und braten Sie es kurz an. Fügen Sie das Tomatenmark hinzu und vermischen Sie alles gut.

4 Geben Sie Paprikapulver, Kurkuma, Koriander und Kreuzkümmel hinzu und braten Sie alles kurz an.

5 Gießen Sie die abgetropften roten Linsen und die Gemüsebrühe in den Topf. Wenn die Suppe aufkocht, stellen Sie die Flamme auf niedrigste Stufe. Diese kann nun ca. 20 Minuten köcheln.

6 Schmecken Sie die Adasi mit Salz und Pfeffer ab. Servieren Sie die Suppe heiß und garnieren Sie sie mit frischen Kräutern.

Tipp: Pürieren Sie einen Teil der getrockneten Linsen und heben diese unter. Das macht die Suppe schön sämig.

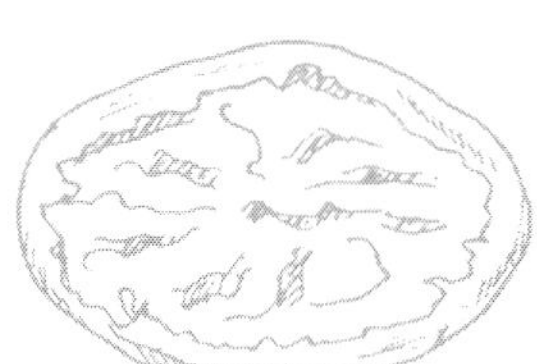

آش سبزی (ASH-E SABZI) |
KRÄUTERSUPPE

4 Port.

1 Std.

Leicht

Zutaten

2 Karotten
2 Tassen gemischte frische Kräuter
1 TL gemahlener Koriander
Salz, Pfeffer
1 große Zwiebel
2 Knoblauchzehen
1 TL gemahlene Kurkuma
2 Kartoffeln
1 Liter Gemüsebrühe
1 TL gemahlener Kreuzkümmel
1 Stange Sellerie
2 EL getrocknete Kichererbsen
2 EL getrocknete gelbe Linsen
1 TL Paprikapulver
Olivenöl zum Braten
Frische Kräuter zum Garnieren

1 Erhitzen Sie etwas Olivenöl in einem großen Topf und braten Sie die gehackte Zwiebel und den gehackten Knoblauch glasig an.

2 Schälen und würfeln Sie die Kartoffeln, Karotten und den Sellerie. Geben Sie die Gemüsewürfel in den Topf und braten Sie sie kurz an. Würzen Sie das Gemüse kräftig mit den gemahlenen Gewürzen.

3 Fügen Sie die gemischten frischen Kräuter hinzu und braten Sie sie kurz mit, bis sie welken. Rühren Sie die Gemüsebrühe unter und bringen alles zum Kochen.

4 Köcheln Sie die Suppe bei schwacher Hitze etwa 30 - 40 Minuten. Nun können Sie die eingeweichten getrockneten Kichererbsen und gelben Linsen hinzufügen.

5 Diese müssen vor dem Kochen eingeweicht werden. Schmecken Sie die Ash-e Sabzi mit Salz und Pfeffer ab. Servieren Sie die Suppe heiß und garnieren Sie sie mit frischen Kräutern.

Nährwerte p. P.

200 kcal
33 g Kohlenhydrate
7 g Fett
6 g Eiweiß

Tipp: Ash-e Sabzi wird traditionell mit Kuku Sabzi (persisches Kräuteromelett) und Joghurt serviert. Es passt auch gut zu Fladenbrot oder Reis.

آش گندم (ASH-E GANDOM) | WEIZENSUPPE

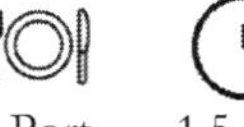

4 Port. 1,5 Std. Mittel

Zutaten

250 g Rindfleisch
1 Tasse Perlgraupen
1 große Zwiebel
2 Knoblauchzehen
Je 2 Kartoffeln und Karotten
1 Stange Sellerie
1 Liter Rinderbrühe
2 EL Tomatenmark
1 TL gemahlene Kurkuma
Je 1 TL gemahlener Kreuzkümmel und Koriander
1 TL Paprikapulver
Salz und Pfeffer nach Geschmack
Olivenöl zum Braten
Frische Kräuter zum Garnieren (z. B. Petersilie oder Koriander)

Nährwerte p. P.

300 kcal
35 g Kohlenhydrate
10 g Fett
20 g Eiweiß

1 Erhitzen Sie in einem großen Topf etwas Olivenöl. Schälen und würfeln Sie Zwiebel und Knoblauch.

2 Geben Sie Knoblauch- und Zwiebelwürfel ins Öl und dünsten alles glasig. Geben Sie das in Würfel geschnittene Rindfleisch hinzu und braten Sie es kräftig an. Nachdem Sie die Perlgraupen gründlich gewaschen und abgetropft haben, geben Sie sie zum Fleisch und braten Sie sie kurz mit.

3 Schälen und würfeln Sie Kartoffeln, Karotten und Sellerie und geben das Gemüse mit in den Topf. Vermengen Sie das Tomatenmark mit den gemahlenen Gewürzen. Rühren Sie es unter die Mischung im Topf.

4 Löschen Sie alles mit Rinderbrühe ab und köcheln die Suppe bei schwacher Hitze etwa 60 Minuten.

5 Schmecken Sie die Ash-e Gandom mit Salz und Pfeffer ab. Servieren Sie die Suppe heiß und garnieren Sie sie mit frischen Kräutern.

Tipp: Geben Sie zwei getrocknete Zitronen in die Suppe hinein. Diese muss vorher mit der Gabel eingestochen werden, damit ihr Geschmack die Suppe verfeinern kann.

Brote

نان پنیر (NAAN-E PANIR) | KÄSEBROT

6 Port.

30 Min.

Mittel

Zutaten

2 Tassen Weizenmehl
1 Tasse geriebener Feta-Käse
1 TL Backpulver
1 TL Salz
½ Tasse Joghurt
¼ Tasse Olivenöl
Schwarzkümmelsamen zum Bestreuen

Nährwerte p. P.

219 kcal
24 g Kohlenhydrate
11 g Fett
7 g Eiweiß

1 Mischen Sie Mehl, Backpulver und Salz in einer Schüssel. Fügen Sie den geriebenen Feta-Käse, Joghurt und Olivenöl hinzu und kneten Sie alles zu einem weichen Teig.

2 Teilen Sie den Teig in kleine Bälle und drücken Sie sie auf einer bemehlten Oberfläche flach, um kleine Fladen zu formen.

3 Belegen Sie ein Backblech mit Backpapier und breiten darauf den Brotteig aus. Streuen Sie den Schwarzkümmel darüber.

4 Heizen Sie den Backofen auf 180 °C, geben das Blech mit den Broten hinein und backen sie ca. 20 Minuten lang, bis die Brote goldbraun und knusprig sind.

5 Nehmen Sie die Käsebrote aus dem Ofen und lassen Sie sie leicht abkühlen.

Tipp: Diese Käsebrote schmecken besonders gut mit etwas frischer Minze.

نان بربری (NAAN-E BARBARI) |

BARBARI-BROT

 6 Port.

 1,5 Std.

 Leicht

Zutaten

1 TL Salz
500 g Mehl
2 Tassen lauwarmes Wasser
1 TL Trockenhefe
1 TL Zucker
Schwarzer Sesam zum Bestreuen

Nährwerte p. P.

210 kcal
43 g Kohlenhydrate
2 g Fett
5 g Eiweiß

1 Geben Sie das Mehl zusammen mit Salz, Trockenhefe und Zucker in eine Schüssel. Rühren Sie das lauwarme Wasser unter. Kneten Sie aus den Zutaten einen schönen Teig.

2 Decken Sie die Schüssel mit einem Tuch ab und lassen den Teig etwa 60 Minuten gehen. Das funktioniert an einem warmen Ort am besten.

3 Wenn der Teig schön aufgegangen ist, können Sie ihn in drei Kugeln teilen und jede oval ausrollen.

4 Belegen Sie ein Backblech mit Backpapier und breiten Sie darauf Ihre Teiglinge aus. Mithilfe einer Gabel stechen Sie einige Male hinein. Streuen Sie den schwarzen Sesam darüber.

5 Im vorgeheizten Backofen (220 °C) backen Sie nun das Brot ca. 15 Minuten. Danach kann es warm verspeist werden oder Sie lassen es erst einmal etwas abkühlen.

Tipp: Servieren Sie das Nan-e Barbari mit Hummus, Babaganoush oder Labneh für ein authentisches persisches Fingerfood-Erlebnis.

نان تافتون (TAFTOON) |
BROT MIT SESAM

 4 Port.

 2 Std.

 Mittel

Zutaten

500 g Mehl
1 TL Salz
1 TL Trockenhefe
300 ml lauwarmes Wasser
1 TL Zucker
2 EL Olivenöl
Sesamsamen zum Bestreuen

Nährwerte p. P.

220 kcal
44 g Kohlenhydrate
4 g Fett
7 g Eiweiß

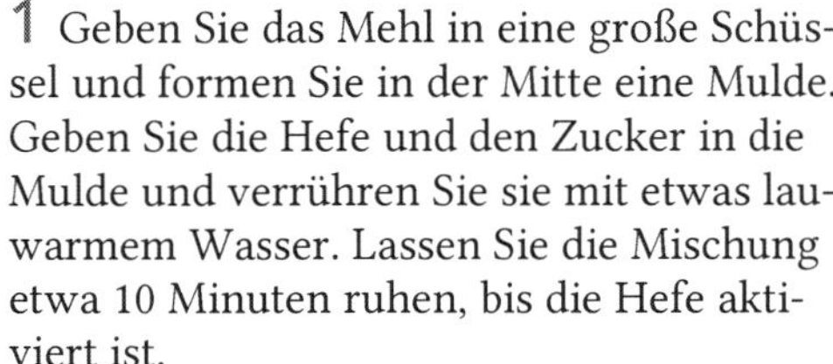

1 Geben Sie das Mehl in eine große Schüssel und formen Sie in der Mitte eine Mulde. Geben Sie die Hefe und den Zucker in die Mulde und verrühren Sie sie mit etwas lauwarmem Wasser. Lassen Sie die Mischung etwa 10 Minuten ruhen, bis die Hefe aktiviert ist.

2 Fügen Sie das Salz, das Olivenöl und das restliche Wasser hinzu. Aus diesen Zutaten kneten Sie nun den Teig.

3 Decken Sie die Schüssel mit einem Tuch ab und lassen den Teig etwa 60 Minuten gehen.

4 Der Backofen wird auf 220 °C vorgeheizt. Belegen Sie ein Blech mit Backpapier. Teilen Sie Ihren Teig in zwei oder mehr Teile und formen Sie ovale Brote.

5 Geben Sie die Teiglinge auf das Backblech und schneiden sie leicht mit einem Messer ein.

6 Bestreichen Sie die Oberfläche der Fladen mit Wasser und bestreuen Sie sie mit Sesamsamen.

7 Geben Sie das Blech in den Ofen und backen das Brot ca. 20 Minuten.

8 Wenn es fertig gebacken ist, nehmen Sie es heraus und lassen es abkühlen.

Tipp: Taftoon schmeckt wunderbar zu gegrilltem Fleisch oder als Basis für Sandwiches mit frischem Gemüse und Kräutern.

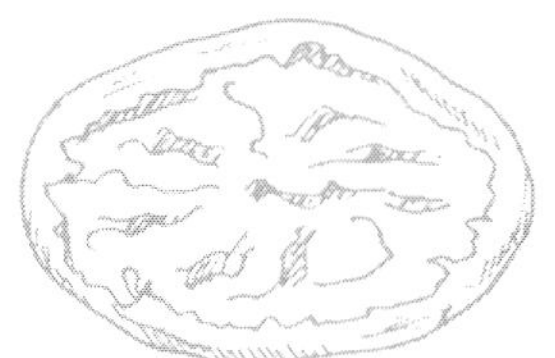

نان لواش (LAVASH) |

SCHWARZKÜMMEL-BROT

4 Port.

2 Std.

Leicht

Zutaten

500 g Mehl
300 ml lauwarmes Wasser
1 TL Salz
1 TL Trockenhefe
1 TL Zucker
Schwarzkümmelsamen zum Bestreuen

Nährwerte p. P.

180 kcal
35 g Kohlenhydrate
1 g Fett
5 g Eiweiß

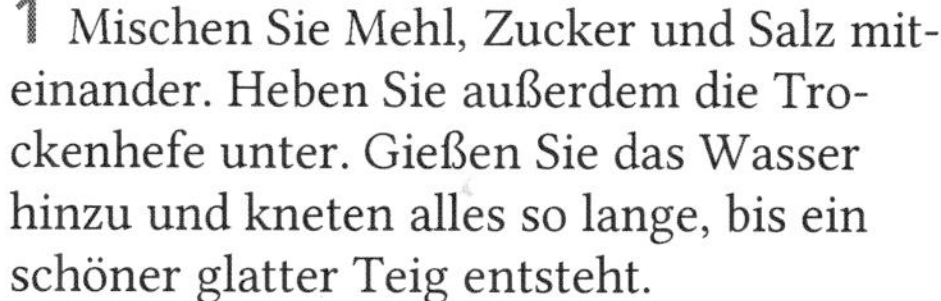

1 Mischen Sie Mehl, Zucker und Salz miteinander. Heben Sie außerdem die Trockenhefe unter. Gießen Sie das Wasser hinzu und kneten alles so lange, bis ein schöner glatter Teig entsteht.

2 Streuen Sie etwas Mehl auf Ihre Arbeitsfläche und kneten den Teig darauf noch einmal kräftig durch. Dies sollte etwa 10 Minuten dauern.

3 Geben Sie den Teig zurück in die Schüssel, decken Sie ihn ab und lassen Sie ihn an einem warmen Ort etwa 1 Stunde lang gehen, bis sich sein Volumen verdoppelt hat.

4 Heizen Sie den Backofen auf 220 °C vor und legen Sie ein Backblech mit Backpapier aus. Teilen Sie den Teig in mehrere kleine Stücke und rollen Sie sie auf einer bemehlten Arbeitsfläche dünn aus, bis sie die gewünschte Dicke haben.

5 Legen Sie die dünnen Teigstücke auf das vorbereitete Backblech und stechen Sie sie mehrmals mit einem scharfen Messer oder einer Gabel ein. Bestreichen Sie die Oberfläche der Lavash mit Wasser und bestreuen Sie sie mit Schwarzkümmelsamen.

6 Backen Sie die Lavash im vorgeheizten Ofen etwa 10 - 12 Minuten lang, bis sie goldbraun und knusprig sind. Nehmen Sie die Lavash aus dem Ofen und lassen Sie sie auf einem Gitter auskühlen.

Tipp: Gerösteter Knoblauch verleiht dem Teig eine tiefe, aromatische Note und eine subtile Süße, die gut mit den anderen Zutaten harmoniert.

نان سنگک (SANGAK) |

SÜẞES SESAMBROT

4 Port.

2 Std.

Leicht

Zutaten

500 g Mehl
300 ml lauwarmes Wasser
1 TL Salz
Sesamsamen
1 TL Trockenhefe
1 TL Zucker

Nährwerte p. P.

200 kcal
40 g Kohlenhydrate
1 g Fett
6 g Eiweiß

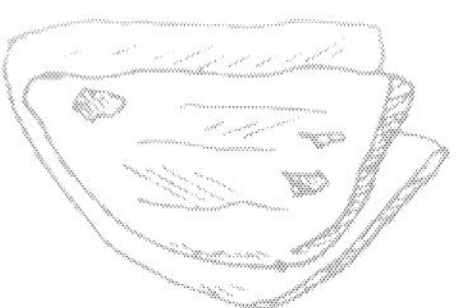

1 Vermengen Sie Trockenhefe, Zucker, Salz und Mehl miteinander. Fügen Sie nach und nach das lauwarme Wasser hinzu und kneten Sie dabei kontinuierlich, bis ein weicher Teig entsteht. Auf einer bemehlten Oberfläche kneten Sie den Teig etwa 10 - 15 Minuten lang kräftig durch, bis er geschmeidig ist.

2 Geben Sie den Teig zurück in die Schüssel, decken Sie ihn ab und lassen Sie ihn an einem warmen Ort etwa 1 Stunde lang gehen, bis sich sein Volumen verdoppelt hat.

3 Heizen Sie den Backofen auf 220 °C vor und legen Sie ein Backblech mit Backpapier aus. Halbieren Sie den Teig und formen Sie daraus Ihre Brote. Das funktioniert am besten auf einer Arbeitsplatte mit etwas Mehl.

4 Legen Sie das Backpapier auf ein Backblech und darauf die Brotlinge. Schneiden Sie diese nach Belieben ein.

5 Bestreichen Sie die Oberfläche mit Wasser. Streuen Sie dann die Sesamsamen darüber.

6 Backen Sie die Sangak im vorgeheizten Ofen etwa 20 - 25 Minuten lang, bis sie goldbraun sind und hohl klingen, wenn Sie auf die Unterseite klopfen. Nehmen Sie es aus dem Ofen und legen Sie es zum Auskühlen auf ein Ofengitter.

Tipp: Sangak wird traditionell auf heißen Steinen im Ofen gebacken, was ihm eine einzigartige Textur und Aromen verleiht. Es passt perfekt zu herzhaften Gerichten oder als Snack mit Käse und Oliven.

كماج (KOMA) |
DATTELBROT

8 Port.

40 Min.

Leicht

Zutaten

250 g Weizenmehl
100 g Butter, weich
100 g Puderzucker
1 TL gemahlener Kardamom
1 TL Backpulver
100 g Datteln
Mandelblättchen zum Garnieren

Nährwerte p. P.

201 kcal
26 g Kohlenhydrate
11 g Fett
2 g Eiweiß

1 Der Backofen wird auf 180 °C vorgeheizt. Sie können außerdem die Backform schon einfetten.

2 In einer Schüssel die weiche Butter mit dem Puderzucker und dem gemahlenen Kardamom cremig rühren.

3 Fügen Sie das Mehl und das Backpulver hinzu und kneten Sie alles zu einem Teig. Mischen Sie die gehackten Datteln unter den Teig.

4 Verteilen Sie den Teig in der Backform. Streuen Sie die Mandelblättchen darüber.

5 Schieben Sie die Form in den Backofen und backen das Brot ca. 25 Minuten gut aus.

6 Ziehen Sie das Brot aus dem Ofen, stellen es samt Form auf ein Gitter und nehmen es erst nach dem Auskühlen heraus.

Tipp: Komaj ist ein köstliches Brot, das sich hervorragend als süßer Snack oder Dessert eignet, besonders in Kombination mit einer Tasse Tee oder Kaffee.

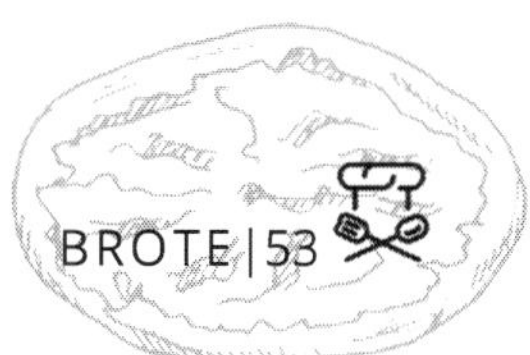

نان لواشک (NAAN-E LAVASHAK) | FLADENBROT

10 Port. 40 Min. Leicht

Zutaten

250 g Weizenmehl
100 g Trockenobst (z. B. Feigen)
50 g Butter
50 g gemahlene Mandeln oder Walnüsse
1 TL Backpulver
50 g Zucker
1 TL gemahlener Zimt
1 Ei
50 ml Milch
Puderzucker zum Bestäuben

Nährwerte p. P.

180 kcal
25 g Kohlenhydrate
8 g Fett
3 g Eiweiß

1 Heizen Sie den Backofen auf 180 °C vor. Legen Sie eine Backform mit Backpapier aus oder fetten Sie sie leicht ein.

2 In einer Schüssel das Weizenmehl, Trockenobst, gemahlene Mandeln oder Walnüsse, Zucker, Zimt und Backpulver vermengen.

3 Fügen Sie das Ei, Milch und geschmolzene Butter hinzu und kneten Sie alles zu einem Teig.

4 Geben Sie den Teig in die vorbereitete Backform und streichen Sie ihn glatt.

5 Backen Sie das Brot im vorgeheizten Ofen etwa 20 - 25 Minuten lang, bis es goldbraun ist.

6 Nehmen Sie das Brot aus dem Ofen und lassen Sie es in der Form abkühlen.

7 Nach dem Abkühlen können Sie das Brot in Quadrate oder Rechtecke schneiden und falls gewünscht mit Puderzucker bestäuben.

Tipp: Sie können verschiedene Trockenfrüchte verwenden, um den Geschmack anzupassen.

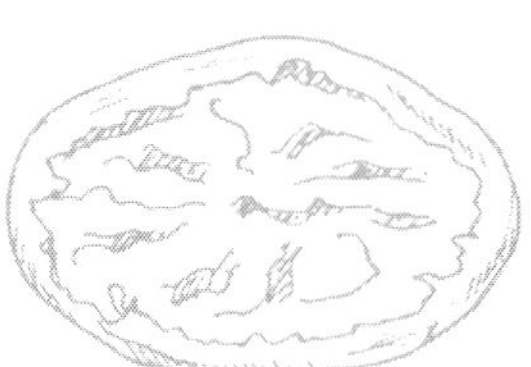

نان تافتون سماق (TAFTOON-E SOMAGH) | SAUERTEIGBROT

 4 Port.
 7 Std.
 Leicht

Zutaten

500 g Mehl
Schwarzkümmelsamen
100 g Sauerteigstarter
300 ml lauwarmes Wasser
1 TL Salz

Nährwerte p. P.

223 kcal
48 g Kohlenhydrate
4 g Fett
8 g Eiweiß

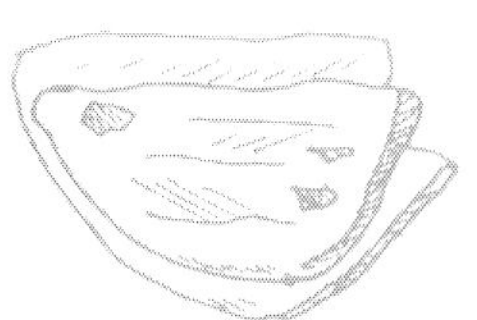

1 Mischen Sie Mehl, lauwarmes Wasser und den Sauerteigstarter. Danach wird der entstandene Teig abgedeckt und 30 Minuten ruhen gelassen.

2 Fügen Sie das Salz hinzu und kneten Sie den Teig auf einer bemehlten Oberfläche etwa 10 Minuten lang kräftig durch, bis er geschmeidig ist.

3 Da der Teig noch einmal 4 - 6 Stunden ruhen darf, sollten Sie ihn wieder in die Schüssel geben, abdecken und ruhen lassen.

4 Heizen Sie den Backofen auf 220 °C vor und legen Sie ein Backblech mit Backpapier aus. Teilen Sie den Teig in zwei gleiche Stücke und formen Sie sie auf einer bemehlten Arbeitsfläche zu ovalen Fladen, etwa 1 cm dick.

5 Legen Sie die Fladen auf das vorbereitete Backblech und schneiden Sie sie längs mehrmals mit einem scharfen Messer ein. Bestreichen Sie die Oberfläche der Taftoon-e Somagh mit Wasser und bestreuen Sie sie mit Schwarzkümmelsamen.

6 Backen Sie die Taftoon-e Somagh im vorgeheizten Ofen etwa 20 - 25 Minuten lang, bis sie goldbraun sind und hohl klingen, wenn Sie auf die Unterseite klopfen.

7 Nehmen Sie die Taftoon-e Somagh aus dem Ofen und lassen Sie sie auf einem Gitter auskühlen.

Tipp: Der Schwarzkümmel kann auch durch Sesam ersetzt werden.

Hauptgerichte mit Fleisch und Geflügel

زرشک پلو با مرغ (ZERESHK POLO BA MORGH) | REIS MIT HUHN

4 Port. 1 Std. Mittel

Zutaten

4 Hähnchenbrustfilets
2 Tassen Basmatireis
1 TL gemahlener Kreuzkümmel
1 Tasse Berberitzen (Zereshk)
Olivenöl
1 Zwiebel
2 Knoblauchzehen
1 TL gemahlene Kurkuma
Salz, Pfeffer
Wasser oder Hühnerbrühe zum Reis garen

Nährwerte p. P.

450 kcal
60 g Kohlenhydrate
12 g Fett
25 g Eiweiß

1 Waschen Sie den Reis mit kaltem Wasser und garen Sie ihn später, wie auf der Verpackung beschrieben oder wie im Vorwort erwähnt. Weichen Sie zudem die Berberitzen ein.

2 Lassen Sie die Berberitzen in warmem Wasser einweichen, um die Bitterkeit zu reduzieren.

3 Würzen Sie die Hähnchenbrustfilets mit Salz, Pfeffer, Kurkuma und Kreuzkümmel.

4 Geben Sie das Olivenöl in eine Pfanne, erhitzen dieses und braten darin die Hühnerbrust von allen Seiten gut an.

5 Schälen und würfeln Sie in der Zwischenzeit Zwiebel und Knoblauch. Braten Sie beides mit an.

6 Geben Sie die Berberitzen zum Hähnchen. Mischen Sie nun den Reis mit dem Fleisch.

7 Stellen Sie den Herd auf niedrige Flamme und lassen alles gut durchziehen.

8 Geben Sie das Gericht auf Teller und streuen Sie beispielsweise frische Kräuter darüber.

Tipp: Verwenden Sie für dieses Gericht am besten frische Berberitzen für ein authentisches Aroma.

جوجه کباب (JOOJEH KABAB) |

HÄHNCHEN-KEBAB

4 Port.

2 Std.

Mittel

Zutaten

4 Hähnchenbrustfilets
Zitronensaft
1 TL gemahlener Safran
2 Knoblauchzehen
1 Zwiebel
Salz, Pfeffer
Olivenöl
Eingeweichte Holzspieße

Nährwerte p. P.

282 kcal
6 g Kohlenhydrate
14 g Fett
33 g Eiweiß

1 Waschen Sie die Hähnchenbrust und tupfen diese trocken. Schneiden Sie danach das Fleisch in Würfel.

2 Marinieren Sie das Hähnchen mit Zitronensaft, gehacktem Knoblauch, gehackter Zwiebel, aufgelöstem Safran, Salz und Pfeffer. Stellen Sie die Schüssel für ca. 120 Minuten in den Kühlschrank, damit alles gut durchziehen kann.

3 Stecken Sie die marinierten Hähnchenstücke auf die eingeweichten Holzspieße.

4 Heizen Sie den Grill vor und grillen Sie die Hühnerspieße bei mittlerer Hitze, wobei Sie sie gelegentlich wenden und mit Olivenöl bepinseln, bis sie gleichmäßig gegart und leicht gebräunt sind.

5 Richten Sie die gegrillten Hühnerspieße auf einem Servierteller an und servieren Sie sie heiß.

Tipp: Zu dem Gericht passen gegrillte Gemüsespieße wunderbar.

مرغ پلو (MORGH POLO) |

HÜHNCHENREIS

4 Port.

45 Min.

Mittel

Zutaten

1 Dose gehackte Tomaten
4 Hähnchenbrustfilets
1 TL gemahlener Kreuzkümmel
2 Tassen Basmatireis
Olivenöl
1 Zwiebel
Salz, Pfeffer
2 Knoblauchzehen
Saft von 1 Zitrone
1 TL gemahlene Kurkuma
Frische Kräuter nach Wahl

Nährwerte p. P.

380 kcal
40 g Kohlenhydrate
8 g Fett
30 g Eiweiß

1 Waschen Sie den Basmatireis gründlich und kochen Sie ihn gemäß den Anweisungen, bis er gar ist. Würfeln Sie die gewaschene Hähnchenbrust.

2 Geben Sie Olivenöl in einen Topf, um darin den gewürfelten Knoblauch und Zwiebelwürfel zu dünsten.

3 Verteilen Sie die Hähnchenstücke im Topf und braten diese schön kräftig an.

4 Geben Sie die Tomaten in eine Schüssel und würzen diese nach Ihrem Geschmack mit Salz und Pfeffer. Geben Sie den Saft von einer Zitrone dazu.

5 Rühren Sie Kreuzkümmel und Kurkuma unter die Tomatenmischung.

6 Stellen Sie den Herd auf kleine Flamme und lassen alles köcheln, sodass eine schöne Soße entsteht.

7 Geben Sie den Reis und das Hähnchen mit Soße auf Teller.

8 Garnieren Sie das Gericht mit frischen Kräutern und servieren Sie es heiß.

Tipp: Servieren Sie das Morgh Polo mit einem Joghurtdip und einem frischen Salat für ein vollständiges Mahl.

خورش قورمه سبزی (KHORECH-E GHORMEH SABZI) | LAMMFLEISCHEINTOPF

4 Port.

2 Std.

Leicht

Zutaten

500 g Lammfleisch
2 Tassen gehackte Kräutermischung (Petersilie, Koriander, Dill, Frühlingszwiebeln)
1 Zwiebel
2 Knoblauchzehen
400 g Kidneybohnen
2 EL getrocknete Limetten (Limoo Amani)
1 TL gemahlene Kurkuma
1 TL gemahlener Kreuzkümmel
Salz und Pfeffer nach Geschmack
Olivenöl
2 Tassen Basmatireis

Nährwerte p. P.

350 kcal
15 g Kohlenhydrate
20 g Fett
25 g Eiweiß

1 Bestreuen Sie das Lammfleisch großzügig mit Salz, Pfeffer und gemahlener Kurkuma. Erhitzen Sie etwas Olivenöl und braten Sie darin die gehackte Zwiebel goldbraun an.

2 Würzen Sie das Lammfleisch mit den angegebenen Gewürzen und geben Sie es mit in den Topf. Rühren Sie den gewürfelten Knoblauch und die Kräuter unter. Braten Sie das Fleisch weitere 5 Minuten an. Geben Sie die Limette halbiert hinein.

3 Geben Sie die abgetropften Kidneybohnen zusammen mit gemahlenem Kreuzkümmel und genügend Wasser hinzu. Das Fleisch und die Kräuter sollen gut bedeckt sein.

4 Bringen Sie den Eintopf zum Kochen, reduzieren dann die Hitze. Nun kann alles bei niedriger Hitze etwa 1,5 Stunden lang köcheln, bis das Fleisch zart und die Soße eingedickt ist. Währenddessen bereiten Sie den Basmatireis nach Packungsbeilage zu.

5 Verteilen Sie den fertigen Reis auf Servierschalen und geben Sie den Ghormeh Sabzi darüber. Servieren Sie das Essen heiß und genießen es nach Belieben mit Joghurt und einem frischen Salat.

Tipp: Verwenden Sie frische Kräuter für ein intensiveres Aroma und achten Sie darauf, dass das Fleisch während des Kochens immer ausreichend mit Flüssigkeit bedeckt ist, um ein Austrocknen zu vermeiden.

شیش کباب گوسفندی (LAMB SHISH KABOB) |

LAMMFLEISCHSPIEẞE

4 Port. | 1 Std. 20 Min. | Mittel

Zutaten

500 g Lammfleisch
1 TL Paprikapulver
1 Zwiebel
Salz, Pfeffer
1 grüne Paprika
2 EL Olivenöl
1 rote Paprika
1 TL gemahlener Kreuzkümmel
1 gelbe Paprika
1 Zitrone
2 Knoblauchzehen
Holzspieße

Nährwerte p. P.

310 kcal
14 g Kohlenhydrate
20 g Fett
27 g Eiweiß

1 Rühren Sie Kreuzkümmel, Salz, Knoblauch, Paprika und Pfeffer in Olivenöl ein. Legen Sie darin das Lammfleisch ein. Stellen Sie die Schüssel für 1 Stunde in den Kühlschrank.

2 Stecken Sie die Zwiebeln, Paprikastücke und Zitronenscheiben abwechselnd mit den marinierten Lammfleischstücken auf die Holzspieße.

3 Heizen Sie den Grill vor und grillen Sie die Spieße bei mittlerer Hitze. Das Fleisch sollte immer wieder gewendet und mit der restlichen Marinade bestrichen werden.

4 Richten Sie die gegrillten Lammfleischspieße auf einem Servierteller an und servieren Sie sie heiß.

Tipp: Servieren Sie die Lammfleischspieße mit Reis oder Fladenbrot und einer Auswahl an gegrilltem Gemüse für ein köstliches Mahl.

قيمه (GHEIMEH) |

RINDFLEISCHEINTOPF

4 Port. 1,5 Std. Mittel

Zutaten

500 g Rindfleisch
Zitronensaft
1 Tasse gelbe getrocknete Erbsen
1 TL gemahlener Kreuzkümmel
1 Zwiebel
2 Knoblauchzehen
Olivenöl
Salz, Pfeffer
2 EL Tomatenmark
Wasser
2 mittelgroße Kartoffeln
2 EL getrocknete Limetten (Limu Omani)
1 TL gemahlene Kurkuma

Nährwerte p. P.

351 kcal
32 g Kohlenhydrate
16 g Fett
27 g Eiweiß

1 Weichen Sie die Erbsen am besten über Nacht ein, bevor Sie diese verwenden. Kochen Sie die eingeweichten gelben Erbsen in einem Topf mit Wasser, bis sie weich sind.

2 In einem separaten Topf erhitzen Sie außerdem Olivenöl und braten die gehackten Zwiebeln darin an. Fügen Sie dann den Knoblauch hinzu und braten ihn mit an.

3 Geben Sie das gewürfelte Rindfleisch in den Topf und braten es mit an. Rühren Sie dann das Tomatenmark ein und vermischen alles gut.

4 Geben Sie die gekochten gelben Erbsen und die eingeweichten Limetten dazu. Fügen Sie auch die Kartoffelwürfel, gemahlene Kurkuma, gemahlenen Kreuzkümmel, Salz und Pfeffer hinzu. Gießen Sie so viel Wasser hinein, um alles zu bedecken.

5 Bringen Sie den Eintopf zum Kochen. Stellen Sie nun den Herd auf niedrige Flamme, damit das Fleisch 1 Stunde köcheln kann. Schmecken Sie alles mit Zitronensaft ab.

Tipp: Dieser Eintopf wird oft mit Tahdig serviert, einer knusprigen Reisschicht, die am Boden des Topfes entsteht. Dazu passen Basmatireis und schöner knackiger Salat.

کباب کوبیده (KEBAB KOOBIDEH) | HACKFLEISCHSPIEẞE

4 Port.

30 Min.

Leicht

Zutaten

500 g Rinderhackfleisch
1 Zwiebel
2 Knoblauchzehen
1 TL gemahlener Kreuzkümmel
Olivenöl
1 TL Paprikapulver
Salz, Pfeffer
1 TL gemahlene Kurkuma
Holzspieße

Nährwerte p. P.

280 kcal
5 g Kohlenhydrate
15 g Fett
30 g Eiweiß

1 Schälen Sie die Zwiebel und den Knoblauch. Schneiden Sie beides in feine Würfel. Geben Sie das Rinderhackfleisch, die gehackte Zwiebel, den gehackten Knoblauch, etwas Olivenöl und die Gewürze in eine Schüssel.

2 Vermengen Sie alles gründlich, bis eine homogene Masse entsteht. Formen Sie die Hackfleischmasse gleichmäßig um die eingeweichten Holzspieße.

3 Heizen Sie den Grill vor und grillen Sie die Spieße bei mittlerer Hitze. Wenden Sie sie gelegentlich, bis sie gleichmäßig durchgegart und leicht gebräunt sind.

4 Servieren Sie die gegrillten Kebab Koobideh heiß. Ideal dazu passen Basmatireis, gegrilltes Gemüse und Joghurtsoße.

Tipp: Wenden Sie die Spieße am Anfang häufiger, damit nichts abfällt.

خورشت قیمه (KHORESHT-E GHEYMEH) |

LINSENEINTOPF MIT RIND

4 Port.

2 Std.

Mittel

Zutaten

500 g Rindfleisch
1 Tasse gelbe Linsen
1 TL gemahlener Kreuzkümmel
1 Zwiebel
Zitronensaft
4 Tassen Rinderbrühe
2 Knoblauchzehen
2 getrocknete Limetten
2 EL Tomatenmark
2 Kartoffeln
1 TL gemahlene Kurkuma
Salz, Pfeffer
Olivenöl
Frische Kräuter

Nährwerte p. P.

400 kcal
45 g Kohlenhydrate
15 g Fett
25 g Eiweiß

1 Schneiden Sie das Rindfleisch in Würfel und würzen Sie es mit Salz, Pfeffer, gemahlener Kurkuma und gemahlenem Kreuzkümmel.

2 Geben Sie Olivenöl in einen Topf und braten darin die gewürfelte Zwiebel und den Knoblauch an.

3 Legen Sie das Fleisch hinein und braten es rundum stark an. Rösten Sie dann das Tomatenmark kurz an, um den Geschmack zu vertiefen.

4 Fügen Sie die gelben Linsen, die Kartoffelwürfel und die getrockneten Limetten hinzu. Gießen Sie Wasser oder Rinderbrühe hinzu, umrühren und zum Kochen bringen.

5 Stellen Sie die Flamme kleiner und lassen das Fleisch mit den Linsen in der Soße ca. 2 Stunden köcheln.

6 Fügen Sie den Zitronensaft hinzu, umrühren und abschmecken. Servieren Sie den Khoresht-e Gheymeh heiß, garniert mit frischen Kräutern, und reichen Sie ihn mit Reis oder Fladenbrot.

Tipp: Traditionell wird Khoresht-e Gheymeh mit getrockneten Limetten zubereitet, die dem Gericht einen einzigartigen zitronigen Geschmack verleihen. Diese Limetten sind in orientalischen Lebensmittelgeschäften oder online erhältlich. Wenn Sie keine getrockneten Limetten finden können, können Sie stattdessen etwas Zitronenschale verwenden, um einen ähnlichen Geschmack zu erzielen.

Hauptspeisen mit Fisch & Meeresfrüchten

ماهی شکم پر (MAHI SHEKAMPOR) | FORELLE

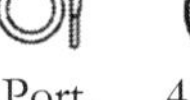

4 Port. 45 Min. Leicht

Zutaten

4 Forellenfilets
Salz, Pfeffer
Zitronensaft
Frische Kräuter
4 Knoblauchzehen
2 EL Olivenöl

Nährwerte p. P.

180 kcal
2 g Kohlenhydrate
8 g Fett
25 g Eiweiß

1 Entfernen Sie die Schale vom Knoblauch und hacken ihn fein.

2 Vermengen Sie den Knoblauch mit Olivenöl, Zitronensaft, Pfeffer und Salz zu einer schönen Marinade. Legen Sie die Forellenfilets in die Marinade und lassen diese darin eine halbe Stunde ziehen.

3 Heizen Sie den Grill vor und grillen Sie die marinierten Forellenfilets etwa 5 – 7 Minuten pro Seite, bis sie durchgegart sind.

4 Zum Servieren streuen Sie frische Kräuter nach Ihrem Geschmack über den Fisch.

Tipp: Für einen intensiveren Geschmack können Sie Zwiebeln hinzufügen.

كلم پلو ماهی (KALAM POLO MAHI) |

REIS MIT KOHL UND FISCH

 4 Port.

 1 Std.

 Mittel

Zutaten

4 Kabeljaufilets
4 Tassen Wasser oder Fischbrühe
1 TL gemahlene Kurkuma
2 Tassen Basmatireis
1 kleiner Kohlkopf
Salz, Pfeffer
1 Zwiebel
2 EL Olivenöl
2 Knoblauchzehen
1 TL gemahlener Kreuzkümmel
Frische Kräuter

Nährwerte p. P.

375 kcal
50 g Kohlenhydrate
20 g Fett
3 g Eiweiß

1 Waschen Sie zuerst den Reis in kaltem Wasser gründlich. Erhitzen Sie das Wasser oder die Fischbrühe in einem Topf und geben dann den Reis hinein. Garen Sie ihn bissfest und stellen ihn im Anschluss zunächst beiseite.

2 Schälen und würfeln Sie Knoblauch und Zwiebel. Erhitzen Sie etwas Olivenöl in einem Topf und braten darin Knoblauch und Zwiebelwürfel an.

3 Waschen Sie den Kohl und schneiden Sie ihn in kleine Stücke. Geben Sie die Kohlstücke hinein und braten diese für ca. 7 Minuten mit an.

4 Mischen Sie das Salz mit Kurkuma, Kreuzkümmel und Pfeffer und geben die Mischung dann in den Topf hinein.

5 Legen Sie die Fischfilets auf den Kohl und verteilen Sie den Reis darüber.

6 Geben Sie den Deckel auf den Topf, stellen Sie die Flamme vom Herd niedrig ein und lassen alles ca. 25 Minuten köcheln.

7 Servieren Sie das Kalam Polo Mahi heiß, garnieren Sie es mit frischen Kräutern und genießen Sie Ihr Gericht.

Tipp: Fügen Sie dem Reis gehackte Dillspitzen hinzu. Diese verfeinern den Geschmack ungemein.

ماهی شکم پر (MAHI SHEKAM POR) |

GEFÜLLTER FISCH MIT NÜSSEN

4 Port.

30 Min.

Leicht

Zutaten

4 Lachsfilets
Zitronensaft
1 Tasse gemahlene Walnüsse
1 TL gemahlener Kreuzkümmel
1 Zwiebel
Salz, Pfeffer
2 Knoblauchzehen
1 TL gemahlene Kurkuma
Olivenöl zum Braten

Nährwerte p. P.

250 kcal
6 g Kohlenhydrate
15 g Fett
25 g Eiweiß

1 Waschen Sie die Fischfilets und beträufeln Sie sie mit Zitronensaft. Geben Sie Pfeffer und Salz hinzu.

2 Geben Sie Olivenöl in eine Pfanne und braten darin die Lachsfilets von beiden Seiten an.

3 Nehmen Sie den Lachs heraus und braten Sie nun die gewürfelte Zwiebel mit dem gehackten Knoblauch an.

4 Geben Sie die Walnüsse hinein und braten diese ca. 5 Minuten bei ständigem Rühren mit an.

5 Mischen Sie Salz, Kurkuma, Pfeffer und Kreuzkümmel miteinander und heben die Mischung unter die Zwiebeln.

6 Nun können die Lachsfilets wieder in die Pfanne hinein.

7 Lassen Sie alles etwa 5 Minuten köcheln, bis der Fisch durchgewärmt ist und sich die Aromen verbunden haben.

Tipp: Wer die Erdnusssoße nicht mag, kann diese durch Dillsoße ersetzen.

خورش ماهی (KHORESH-E MAHI) |

FISCHEINTOPF

4 Port.

40 Min.

Leicht

Zutaten

4 Doraden-Filets
Salz, Pfeffer
2 Zwiebeln
1 TL gemahlener Kreuzkümmel
2 Knoblauchzehen
400 g gehackte Tomaten
1 TL gemahlene Kurkuma
Zitronensaft
1 TL gemahlener Koriander
Olivenöl zum Braten
Frische Kräuter

Nährwerte p. P.

219 kcal
11 g Kohlenhydrate
12 g Fett
27 g Eiweiß

1 Schälen Sie die Zwiebeln und schneiden diese in Scheiben. Geben Sie Olivenöl in eine Pfanne und dünsten darin die Zwiebelscheiben.

2 Schälen Sie den Knoblauch und hacken ihn fein. Fügen Sie den gehackten Knoblauch hinzu und braten Sie ihn kurz mit, bis er duftet.

3 Rühren Sie die gehackten Tomaten unter. Mischen Sie Koriander, Pfeffer, Kurkuma, Salz und Kreuzkümmel miteinander. Fügen Sie die Gewürzmischung der Soße hinzu.

4 Geben Sie die Doraden-Filets in die Soße und garen diese langsam und bei niedriger Temperatur ca. 20 Minuten lang.

5 Schmecken Sie mit Zitronensaft ab und garnieren Sie mit frischen Kräutern.

Tipp: Wählen Sie einen Fisch, der gut zu Eintopfgerichten passt und sich leicht in der Soße kochen lässt. Dieser Fischeintopf ist ein herzhaftes und wärmendes Gericht, perfekt für kältere Tage.

ماهی پلو (MAHI POLO) |

REIS MIT FISCH

4 Port.

45 Min.

Leicht

Zutaten

500 g Zanderfilets
1 TL gemahlener Kreuzkümmel
Olivenöl
2 Tassen Basmatireis
400 g gehackte Tomaten
1 Zwiebel
2 Knoblauchzehen
Zitronensaft
1 TL gemahlene Kurkuma
Salz, Pfeffer
Frische Kräuter

Nährwerte p. P.

355 kcal
65 g Kohlenhydrate
10 g Fett
25 g Eiweiß

1 Waschen Sie den Basmatireis gründlich und kochen Sie ihn gemäß den Anweisungen, bis er gar ist.

2 Träufeln Sie den Zitronensaft auf die Zanderfilets und würzen Sie diese mit Pfeffer und Salz.

3 Schälen Sie die Zwiebel und würfeln diese. Geben Sie Olivenöl in eine Pfanne und dünsten darin die Zwiebelwürfel an.

4 Fügen Sie den gehackten Knoblauch hinzu und braten Sie ihn kurz mit, bis er duftet.

5 Geben Sie die gehackten Tomaten, gemahlene Kurkuma, gemahlenen Kreuzkümmel, Salz und Pfeffer hinzu und rühren Sie alles gut um.

6 Legen Sie die Fischfilets in die Tomatensoße und lassen Sie sie bei niedriger Hitze köcheln, bis der Fisch durchgegart ist.

7 Richten Sie den gegarten Basmatireis auf einer Servierplatte an und verteilen Sie die Fischfilets mit der Tomatensoße darauf.

8 Garnieren Sie mit frischen Kräutern und servieren Sie heiß.

Tipp: Servieren Sie Mahi Polo mit Joghurtsoße und einem frischen Salat für ein komplettes Mahl.

بادمجان ماهی (BAGHALI MAHI) |

FISCH MIT DILLBOHNEN

4 Port.

30 Min.

Leicht

Zutaten

4 Rotbarschfilets
1 Tasse gehackter Dill
500 g Kartoffeln
2 EL Olivenöl
1 Zwiebel
Salz, Pfeffer
2 Knoblauchzehen
Zitronensaft

Nährwerte p. P.

300 kcal
30 g Kohlenhydrate
10 g Fett
25 g Eiweiß

1 Entfernen Sie die Schale der Kartoffeln und schneiden Sie diese in Scheiben. Geben Sie die Kartoffelscheiben in Salzwasser und kochen diese ca. 5 Minuten lang. Anschließend gießen Sie das Wasser ab und lassen die Scheiben am besten in einem Sieb abtropfen.

2 Beträufeln Sie den Fisch mit Zitronensaft und würzen Sie ihn mit Salz und Pfeffer.

3 Schälen Sie die Zwiebel und schneiden Sie diese anschließend in Scheiben. Geben Sie Olivenöl in eine Pfanne und braten darin die Zwiebel an.

4 Fügen Sie den gehackten Knoblauch hinzu und braten Sie ihn kurz mit, bis er duftet.

5 Braten Sie nun die Kartoffelscheiben in Öl an. Fügen Sie den gehackten Dill hinzu und vermischen Sie alles gut.

6 Legen Sie die Fischfilets auf die Kartoffeln und braten Sie sie bei mittlerer Hitze etwa 10 - 15 Minuten, bis der Fisch durchgegart ist.

7 Servieren Sie heiß und beträufeln Sie nach Belieben mit zusätzlichem Zitronensaft.

Tipp: Servieren Sie den Fisch am besten mit Reis. Zusätzlich können Sie Dillspitzen darüberstreuen.

سبزی پلو با ماهی (SABZI POLO BA MAHI) |

REIS MIT KRÄUTERN UND FISCH

4 Port.

40 Min.

Leicht

Zutaten

500 g Forellenfilets
2 EL Olivenöl
2 Tassen Basmatireis
Salz, Pfeffer
1 Bund Petersilie
2 Frühlingszwiebeln
1 Bund Koriander
1 Bund Dill
Zitronensaft

Nährwerte p. P.

325 kcal
45 g Kohlenhydrate
10 g Fett
27 g Eiweiß

1 Waschen Sie den Basmatireis gründlich und kochen Sie ihn gemäß den Anweisungen, bis er gar ist.

2 Träufeln Sie den Zitronensaft über die Forellenfilets. Würzen Sie die Filets von beiden Seiten mit Pfeffer und etwas Salz.

3 Geben Sie Olivenöl in eine Pfanne und braten darin die Forellenfilets von beiden Seiten an.

4 Schneiden Sie die Frühlingszwiebeln in Ringe. Vermengen Sie die Ringe mit einem Teil der gehackten Kräutern.

5 Vermengen Sie den gegarten Basmatireis mit dem zweiten Teil der gehackten Kräutern und mischen Sie alles gut durch.

6 Richten Sie den Fisch auf dem Kräuterreis an und servieren Sie ihn heiß.

Tipp: Verwenden Sie eine Mischung aus verschiedenen Kräutern für das beste Aroma. Sabzi Polo ba Mahi ist ein festliches Gericht und wird oft zu besonderen Anlässen serviert.

ماهی سفید با سبزی پلو (MAHI-E SAFID BA SABZI) |

KARPFEN MIT KRÄUTERN

4 Port.

45 Min.

Leicht

Zutaten

4 Karpfenfilets
Olivenöl
2 Tassen Basmatireis
Salz, Pfeffer
1 Frühlingszwiebel
2 Knoblauchzehen
1 Bund gemischte Kräuter
Zitronensaft
1 TL gemahlene Kurkuma

Nährwerte p. P.

350 kcal
45 g Kohlenhydrate
6 g Fett
28 g Eiweiß

1 Waschen Sie den Basmatireis gründlich und kochen Sie ihn gemäß den Anweisungen, bis er gar ist.

2 Beträufeln Sie die Fischfilets mit Zitronensaft und würzen Sie sie mit Salz und Pfeffer.

3 Erhitzen Sie in einer Pfanne Olivenöl und braten Sie die Fischfilets von beiden Seiten goldbraun an, bis sie durchgegart sind. Schälen Sie den Knoblauch und hacken ihn fein.

4 Geben Sie die gehackten Kräuter, den gehackten Knoblauch und Frühlingszwiebeln in eine Schüssel und vermengen Sie sie gründlich.

5 Vermengen Sie den gegarten Basmatireis mit den gehackten Kräutern und mischen Sie alles gut durch.

6 Richten Sie den Fisch auf dem Kräuterreis an und servieren Sie ihn heiß.

Tipp: Servieren Sie Mahi-e Safid ba Sabzi Polo mit einem Joghurtdip und einem knackigen Salat für ein köstliches persisches Mahl.

Vegetarische Hauptgerichte

بقالی پلو (BAGHALI POLO) |

REIS MIT BOHNEN

4 Port. | 1 Std. | Leicht

Zutaten

2 Tassen Basmatireis
1 Tasse frische oder gefrorene grüne Bohnen
½ Tasse frischer Dill
1 Zwiebel
2 EL Butter
1 TL gemahlene Kurkuma
Salz nach Geschmack
1 Prise Safranfäden
2 EL warme Milch

Nährwerte p. P.

250 kcal
50 g Kohlenhydrate
4 g Fett
5 g Eiweiß

1 Waschen Sie Ihren Reis in kaltem Wasser, bis das Wasser klar bleibt. Weichen Sie ihn anschließend ca. eine halbe Stunde ein.

2 Befüllen Sie einen Topf mit Wasser und geben Sie den Reis hinein. Kochen Sie ihn bei mittlerer Flamme für ca. 10 Minuten. Gießen Sie ihn anschließend ab und stellen ihn zur Seite.

3 Schälen Sie die Zwiebel und braten Sie sie anschließend in Butter an. Geben Sie die Bohnen hinein, sobald die Zwiebeln schön glasig sind.

4 Geben Sie den gehackten Dill und gemahlene Kurkuma hinzu, rühren Sie gut um und braten Sie kurz an, bis alles duftet.

5 Mischen Sie den Reis unter die Bohnen. Stellen Sie die Flamme kleiner und geben den Deckel auf den Topf. Der Reis kann nun ca. 25 Minuten bei schwacher Hitze durchziehen.

6 Weichen Sie die Safranfäden in warmer Milch ein und gießen Sie sie über den Reis, um eine schöne goldene Farbe zu erhalten.

Tipp: Geröstete Kartoffeln verleihen dem Gericht einen unbeschreiblichen Geschmack. Servieren Sie das Gericht zudem mit einem knackigen Salat und einem Spritzer Zitronensaft für eine perfekte Balance der Aromen.

کدو پلو (KADOO POLOW) | REIS MIT KÜRBIS

4 Port.

1 Std.

Leicht

Zutaten

2 Tassen Basmatireis
1 TL gemahlener Zimt
500 g Hokkaido
2 EL Olivenöl
1 Zwiebel
2 EL Pistazien
2 EL Rosinen
1 TL gemahlene Kurkuma
Salz, Pfeffer
2 EL Butter
¼ Tasse Wasser

Nährwerte p. P.

280 kcal
53 g Kohlenhydrate
8 g Fett
7 g Eiweiß

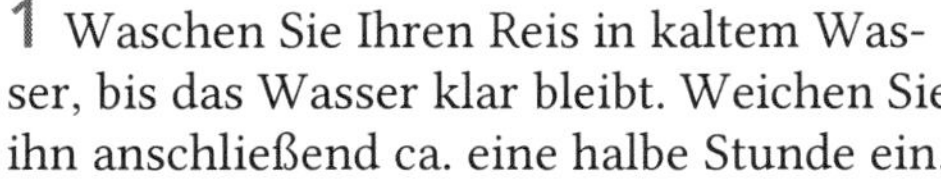

1 Waschen Sie Ihren Reis in kaltem Wasser, bis das Wasser klar bleibt. Weichen Sie ihn anschließend ca. eine halbe Stunde ein.

2 Bringen Sie in einem großen Topf Wasser zum Kochen und fügen Sie den Reis hinzu. Lassen Sie ihn bei mittlerer Hitze 8 - 10 Minuten kochen, bis er halb gar ist. Dann abgießen und beiseitestellen. Schälen Sie die Zwiebel und schneiden diese in Streifen.

3 In einem separaten Topf erhitzen Sie das Olivenöl und braten die Zwiebelstreifen goldbraun an. Nehmen Sie die Zwiebeln heraus. Diese werden erst später benötigt. Halbieren Sie den Hokkaido, entkernen ihn, schneiden ihn in Streifen, dann in Würfel. Die Schale können Sie entfernen. Dies ist jedoch nicht notwendig.

4 Vermengen Sie Pfeffer, Zimt, Salz und Kurkuma. Geben Sie den halb gegarten Reis über den Kürbis und vermischen Sie alles mit der Kräutermischung. Geben Sie außerdem die Butter dazu.

5 Stellen Sie den Herd auf kleine Flamme und geben den Deckel auf den Topf. Lassen Sie das Gericht ca. 25 Minuten garen.

6 Zum Schluss die gebratenen Zwiebeln und Rosinen über den Kürbisreis streuen. Optional mit gehackten Pistazien bestreuen.

Tipp: Servieren Sie den Kadoo Polow mit einem einfachen Salat und einem Schuss Joghurt für ein ausgewogenes und köstliches vegetarisches Mahl.

هویج پلو (HAVIJ POLO) | REIS MIT KAROTTEN

4 Port.

1 Std.

Leicht

Zutaten

2 Tassen Basmatireis
1 TL gemahlener Zimt
3 große Karotten
1 Zwiebel
½ Tasse Rosinen
2 EL Butter oder Pflanzenöl
½ Tasse Mandeln
1 TL gemahlene Kurkuma
Salz, Pfeffer
4 Tassen Gemüsebrühe

Deko
Frische Kräuter
Gehackte Nüsse

Nährwerte p. P.

300 kcal
60 g Kohlenhydrate
5 g Fett
6 g Eiweiß

1 Waschen Sie den Basmatireis gründlich, geben Sie ihn in eine Schüssel und lassen Sie ihn mindestens 30 Minuten einweichen. Schälen und hacken Sie die Zwiebel fein.

2 In einem Topf erhitzen Sie Butter oder Öl und braten die gehackte Zwiebel darin goldbraun an. Schälen und reiben Sie die Karotten. Braten Sie diese anschließend ca. 7 Minuten mit an.

3 Mischen Sie die Rosinen und die Mandeln unter, damit beides kurz mitbraten kann. Vermengen Sie Pfeffer, Kurkuma, Zimt und Salz und fügen Sie es dem Reis-Karotten-Gemisch hinzu.

4 Geben Sie den eingeweichten Basmatireis zum Karotten-Zwiebel-Gemisch und vermengen Sie ihn vorsichtig.

5 Füllen Sie den Topf mit Gemüsebrühe auf, stellen den Herd auf kleine Flamme und lassen das Gericht ca. 25 Minuten garen.

6 Lockern Sie das Gericht mit einer Gabel auf. Der Herd kann zudem ausgestellt werden.

7 Richten Sie den Pilaw auf einer Servierplatte an, lockern Sie ihn mit einer Serviergabel auf und garnieren Sie ihn mit frischen Kräutern oder gehackten Nüssen. Servieren Sie ihn heiß.

Tipp: Sie können auch andere Trockenfrüchte wie Datteln oder Aprikosen hinzufügen, um dem Gericht eine zusätzliche Süße zu verleihen.

خورش سیب زمینی (KHORESH-E SIBZAMINI) |

KARTOFFELEINTOPF

4 Port.

45 Min.

Leicht

Zutaten

4 große Kartoffeln
2 Zwiebeln
2 Tassen Gemüsebrühe
2 Knoblauchzehen
1 TL gemahlener Kreuzkümmel
Salz, Pfeffer
1 Dose gehackte Tomaten
1 Tasse Erbsen
1 TL gemahlene Kurkuma
2 EL Olivenöl
Frische Kräuter

Nährwerte p. P.

250 kcal
40 g Kohlenhydrate
8 g Fett
6 g Eiweiß

1 Schälen und würfeln Sie die Zwiebeln. Dünsten Sie diese anschließend in Olivenöl.

2 Fügen Sie den gehackten Knoblauch hinzu und braten Sie ihn kurz mit, bis er duftet.

3 Schälen und würfeln Sie die Kartoffeln und braten die Kartoffelwürfel ca. 7 Minuten mit an.

4 Fügen Sie die gehackten Tomaten, Erbsen, gemahlene Kurkuma, gemahlenen Kreuzkümmel, Salz und Pfeffer hinzu und rühren Sie alles gut um.

5 Füllen Sie den Topf mit Gemüsebrühe auf und köcheln alles bei schwacher Hitze.

6 Servieren Sie das Gericht mit Reis oder Fladenbrot.

Tipp: Sie können auch andere Gemüsesorten wie Paprika oder Zucchini hinzufügen, um das Khoresh-e Sibzamini zu variieren.

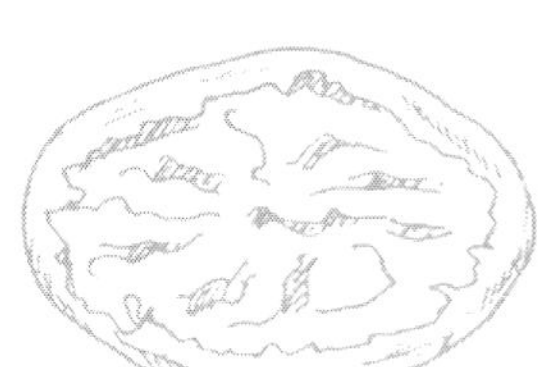

خورش لبو (KHOREH-E LABOO) |
ROTE-BETE-EINTOPF

4 Port. 45 Min. Leicht

Zutaten

3 mittelgroße Rote Bete
1 TL gemahlener Kreuzkümmel
2 Kartoffeln
2 Tassen Gemüsebrühe
1 Zwiebel
Salz, Pfeffer
2 Knoblauchzehen
1 Dose gehackte Tomaten
2 EL Olivenöl
1 TL gemahlene Kurkuma
Frische Kräuter

Nährwerte p. P.

225 kcal
35 g Kohlenhydrate
10 g Fett
7 g Eiweiß

1 Schälen Sie zunächst die Rote Bete und die Kartoffeln. Schneiden Sie diese anschließend in Würfel. Schälen und würfeln Sie außerdem die Zwiebel. Diese wird in Olivenöl angebraten.

2 Fügen Sie den gehackten Knoblauch hinzu und braten Sie ihn kurz mit, bis er duftet.

3 Mischen Sie die Rote-Bete-Würfel und Kartoffelwürfel unter die Zwiebeln. Braten Sie diese ca. 7 Minuten lang an.

4 Fügen Sie die gehackten Tomaten, gemahlene Kurkuma, gemahlenen Kreuzkümmel, Salz und Pfeffer hinzu und rühren Sie alles gut um.

5 Gießen Sie die Gemüsebrühe ein und bringen Sie sie zum Kochen. Reduzieren Sie die Hitze und lassen Sie das Gemüse bei mittlerer Hitze etwa 20 - 25 Minuten köcheln, bis die Rote Bete und die Kartoffeln weich sind.

6 Servieren Sie das Khoresh-e Laboo heiß und garnieren Sie es mit frischen Kräutern.

Tipp: Sie können dieses Gericht nach Belieben würzen und je nach Geschmack mit zusätzlichen Gewürzen oder Kräutern verfeinern.

خورش لبو با گارچ (KHORESH-E LABOO BA GARCH) |

ROTE-BETE-EINTOPF MIT SAUERKIRSCHEN

4 Port. 45 Min. Leicht

Zutaten

3 mittelgroße Rote Bete
1 TL gemahlener Kreuzkümmel
200 g Champignons
2 Tassen Gemüsebrühe
2 Kartoffeln
1 TL gemahlene Kurkuma
Salz, Pfeffer
1 Zwiebel
2 Knoblauchzehen
1 Dose gehackte Tomaten
2 EL Olivenöl
Frische Kräuter

Nährwerte p. P.

250 kcal
30 g Kohlenhydrate
10 g Fett
6 g Eiweiß

1 Schälen Sie die Rote Bete und schneiden Sie sie in kleine Würfel. Schälen und hacken Sie die Zwiebel und den Knoblauch fein. Erhitzen Sie in einem großen Topf das Olivenöl und braten Sie die gehackte Zwiebel darin goldbraun an.

2 Fügen Sie den gehackten Knoblauch hinzu und braten Sie ihn kurz mit, bis er duftet.

3 Geben Sie die Rote-Bete-Würfel, Kartoffelwürfel und Champignonscheiben hinzu und braten Sie sie 5 - 7 Minuten lang an, bis sie leicht gebräunt sind.

4 Fügen Sie die gehackten Tomaten, gemahlene Kurkuma, gemahlenen Kreuzkümmel, Salz und Pfeffer hinzu und rühren Sie alles gut um.

5 Gießen Sie die Gemüsebrühe ein und bringen Sie sie zum Kochen. Reduzieren Sie die Hitze und lassen Sie das Gemüse bei mittlerer Hitze etwa 20 - 25 Minuten köcheln, bis die Rote Bete, die Kartoffeln und die Pilze weich sind.

6 Servieren Sie das Khoresh-e Laboo ba Garch heiß und garnieren Sie es mit frischen Kräutern.

Tipp: Wer es etwas süßer mag, gibt Granatapfelsirup hinzu.

خورش لبو و کدو (KHORESH-E LABOO VA KADOO) | ROTE-BETE-KÜRBISEINTOPF

4 Port.

45 Min.

Leicht

Zutaten

3 mittelgroße Rote Bete
1 TL gemahlener Kreuzkümmel
2 Zucchini
2 Tassen Gemüsebrühe
2 Kartoffeln
1 Zwiebel
2 EL Olivenöl
2 Knoblauchzehen
400 g gehackte Tomaten
1 TL gemahlene Kurkuma
Salz, Pfeffer
Frische Kräuter

Nährwerte p. P.

232 kcal
37 g Kohlenhydrate
9 g Fett
8 g Eiweiß

1 Schälen Sie die Rote Bete und schneiden Sie sie in kleine Würfel.

2 Schälen Sie die Zwiebel und schneiden Sie diese anschließend in feine Würfel. Erhitzen Sie das Olivenöl und braten darin die Zwiebelwürfel glasig.

3 Häuten und würfeln Sie den Knoblauch und hacken ihn fein. Fügen Sie den gehackten Knoblauch hinzu und braten Sie ihn kurz mit, bis er duftet.

4 Schälen Sie die Kartoffeln und schneiden Sie diese in Würfel. Waschen Sie die Zucchini und schneiden Sie sie in Scheiben. Braten Sie das Gemüse gut an.

5 Fügen Sie die gehackten Tomaten, gemahlene Kurkuma, gemahlenen Kreuzkümmel, Salz und Pfeffer hinzu und rühren Sie alles gut um.

6 Gießen Sie die Gemüsebrühe ein und bringen Sie sie zum Kochen. Stellen Sie den Herd auf kleine Flamme und köcheln Sie das Gericht ca. 25 Minuten.

7 Servieren Sie das Gericht auf Tellern oder in Schüsseln. Streuen Sie die frischen Kräuter darüber.

Tipp: Wer keine Rote Bete mag, ersetzt diese durch Süßkartoffeln.

كدو حلوا (KADOO HALVA) |

KÜRBISKUCHEN

4 Port.

25 Min.

Leicht

Zutaten

1 kleiner Kürbis
Salz, Pfeffer
1 Zwiebel
Frische Kräuter
2 Knoblauchzehen
1 TL gemahlener Kreuzkümmel
2 EL Olivenöl
1 TL gemahlene Kurkuma

Nährwerte p. P.

85 kcal
15 g Kohlenhydrate
8 g Fett
4 g Eiweiß

1 Schälen Sie die Zwiebel sowie den Knoblauch und schneiden Sie beides anschließend in feine Würfel. Erhitzen Sie das Olivenöl und braten darin die Zwiebelwürfel glasig.

2 Fügen Sie den gehackten Knoblauch hinzu und braten Sie ihn kurz mit, bis er duftet.

3 Halbieren Sie den Hokkaido, entkernen ihn, schneiden ihn in Streifen, dann in Würfel. Die Schale brauchen Sie nicht zu entfernen. Braten Sie die Kürbiswürfel ca. 20 Minuten an.

4 Mischen Sie Salz, Kurkuma, Pfeffer und Kreuzkümmel miteinander. Verteilen Sie die Mischung über dem Gemüse und stellen Sie die Hitze herunter, damit alles durchziehen kann.

5 Geben Sie das Kürbisgericht auf eine Servierplatte und garnieren Sie es mit frischen Kräutern.

Tipp: Wer es gerne scharf mag, kann das Gericht mit Chili verfeinern.

Vegane Hauptgerichte

آداس پلو معطر (ADAS POLO MLA´TAR) | REIS MIT LINSEN UND ROSINEN

4 Port. 45 Min. Leicht

Zutaten

1 Tasse Basmatireis
1 Tasse grüne Linsen
1 TL gemahlener Kreuzkümmel
1 große Zwiebel
2 Tassen Gemüsebrühe
2 Karotten
1 TL gemahlene Kurkuma
Salz, Pfeffer
2 EL Olivenöl
Frische Kräuer

Nährwerte p. P.

249 kcal
51 g Kohlenhydrate
4 g Fett
12 g Eiweiß

1 Waschen Sie Ihren Reis und die Linsen gut ab. Weichen Sie beides in Wasser für eine halbe Stunde ein.

2 Schälen und würfeln Sie die Zwiebel.

3 Schälen Sie die Karotten und schneiden diese in Scheiben. Braten Sie die Zwiebeln in Olivenöl an. Geben Sie die Karottenscheiben hinzu.

4 Füllen Sie die Linsen sowie den eingeweichten Reis hinein. Vermengen Sie die Gewürze und mischen diese unter.

5 Füllen Sie den Topf mit der Gemüsebrühe auf, reduzieren dann die Hitze. Nun kann das Gericht ca. 25 Minuten gut ziehen.

6 Verteilen Sie das Gericht auf Tellern und dekorieren es beispielsweise mit frischen gehackten Kräutern.

Tipp: Servieren Sie den Adas Polo Moa'tar mit einem frischen Salat oder veganem Joghurt-Dressing.

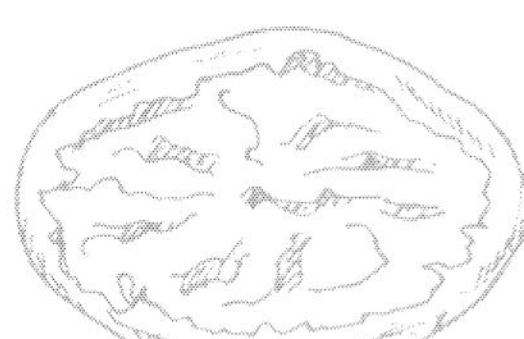

جوش روغن کری (ROGAN JOSH) |

BLUMENKOHL-KARTOFFEL-CURRY

4 Port.

35 Min.

Leicht

Zutaten

2 Tassen Kartoffeln
1 TL gemahlener Kreuzkümmel
2 Tassen Blumenkohl
1 Tasse Erbsen
1 TL gemahlener Ingwer
2 EL Olivenöl
1 große Zwiebel
2 Knoblauchzehen
1 Dose gehackte Tomaten
1 TL gemahlene Kurkuma
1 TL Paprikapulver
Salz, Pfeffer
1 EL Curry
1 TL gemahlener Koriander
Frische Korianderblätter zum Garnieren

Nährwerte p. P.

219 kcal
38 g Kohlenhydrate
4 g Fett
7 g Eiweiß

1 Schälen Sie die Zwiebel und würfeln diese. Geben Sie sie in Olivenöl und dünsten diese an.

2 Fügen Sie den gehackten Knoblauch hinzu und braten Sie ihn kurz mit, bis er duftet.

3 Mischen Sie die Gewürze und geben diese hinzu. Schälen und würfeln Sie die Kartoffeln. Schneiden Sie den Blumenkohl in Röschen.

4 Geben Sie die Blumenkohlröschen und Kartoffelwürfel zu den Zwiebeln.

5 Gießen Sie die gehackten Tomaten in den Topf, rühren Sie um und reduzieren Sie die Hitze. Köcheln Sie das Gemüse, bis es gar ist.

6 Rühren Sie die Erbsen unter und garen diese für 5 Minuten weich.

7 Pfeffern und salzen Sie das Gericht nach Ihrem Geschmack.

8 Verteilen Sie das Gericht auf Tellern und streuen die Korianderblätter zur Dekoration darüber.

Tipp: Sie können auch andere Gemüsesorten wie Paprika oder Brokkoli hinzufügen, je nach Geschmack.

سیت پن وگان (SHEET PAN VEGAN) | KICHERERBSENBROT

4 Port.

40 Min.

Leicht

Zutaten

2 Tassen Kichererbsen
1 TL gemahlene Kurkuma
2 Süßkartoffeln
Frische Petersilie zum Garnieren
2 rote Paprikaschoten
1 TL gemahlener Kreuzkümmel
2 EL Olivenöl
1 TL Paprikapulver
Salz, Pfeffer

Nährwerte p. P.

375 kcal
50 g Kohlenhydrate
20 g Fett
3 g Eiweiß

1 Beginnen Sie damit, den Ofen auf 200 °C vorzuheizen und belegen Sie das Backblech mit Backpapier.

2 Verteilen Sie die Kichererbsen auf dem Blech. Waschen/Schälen Sie Paprikaschoten und Süßkartoffeln. Schneiden Sie beides in Würfel und geben diese zu den Kichererbsen.

3 Gießen Sie das Olivenöl über das Gemüse und vermengen Sie alles gut, um das Gemüse zu bedecken.

4 Streuen Sie die Gewürze (Kreuzkümmel, Kurkuma, Paprikapulver, Salz und Pfeffer) darüber und vermischen Sie erneut gründlich.

5 Schieben Sie das Blech mit dem Gemüse in den Ofen. Backen Sie dieses ca. 25 Minuten. Rühren Sie das Gemüse zwischendurch um, damit alle Seiten gleichmäßig angebraten werden.

6 Servieren Sie das Sheet Pan Vegan heiß, garnieren Sie es mit frischer Petersilie und reichen Sie nach Belieben Hummus oder veganes Joghurtdressing dazu.

Tipp: Experimentieren Sie mit verschiedenen Gemüsesorten wie Zucchini, Auberginen oder Cherrytomaten für zusätzliche Variationen.

پلو گندم (GANDUM KONDJI PILAW) | DINKEL MIT KRÄUTERN

4 Port.

1 Std.

Leicht

Zutaten

2 Tassen Dinkel
1 große Zwiebel
2 EL Olivenöl
2 Karotten
1 TL gemahlener Kreuzkümmel
1 Tasse gefrorene grüne Bohnen
1 TL gemahlene Kurkuma
Salz, Pfeffer
3 Tassen Gemüsebrühe
Frische Kräuter

Nährwerte p. P.

293 kcal
58 g Kohlenhydrate
7 g Fett
8 g Eiweiß

1 Schälen und hacken Sie die Zwiebel. Erhitzen Sie in einem großen Topf etwas Olivenöl und braten Sie die gehackte Zwiebel darin glasig an.

2 Schälen und würfeln Sie die Karotten. Fügen Sie die gewürfelten Karotten hinzu und braten Sie sie kurz an. Mischen Sie den Dinkel unter und braten alles goldgelb an.

3 Fügen Sie die gefrorenen grünen Bohnen, Kurkuma, Kreuzkümmel, Salz und Pfeffer hinzu und vermengen Sie alles gut.

4 Gießen Sie die Gemüsebrühe in den Topf, bringen Sie sie zum Kochen und reduzieren Sie dann die Hitze.

5 Stellen Sie den Herd auf kleine Flamme und geben den Deckel auf den Topf. Das Gericht kann nun ca. 45 Minuten langsam garen.

6 Servieren Sie den Dinkel-Pilaw heiß und garnieren Sie ihn nach Belieben mit frischen Kräutern.

Tipp: Sie können auch andere Gemüsesorten wie Paprika oder Zucchini hinzufügen, um den Pilaw noch vielseitiger zu gestalten.

كوكو لوبيا (KUKU LUBIYA) |

OMELETT MIT BOHNEN

4 Port.

20 Min.

Leicht

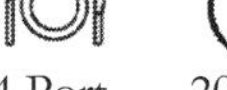

Zutaten

1 Dose weiße Bohnen
1 TL gemahlene Kurkuma
1 Zwiebel
Olivenöl zum Braten
2 Knoblauchzehen
1 TL Backpulver
Salz, Pfeffer
1 kleine Kartoffel
2 EL Kichererbsenmehl
1 TL gemahlener Kreuzkümmel

Nährwerte p. P.

180 kcal
25 g Kohlenhydrate
5 g Fett
8 g Eiweiß

1 Füllen Sie die Bohnen zum Abtropfen in ein Sieb. Anschließend geben Sie diese in eine Schüssel und zerstampfen sie. Schälen und hacken Sie die Zwiebel und den Knoblauch. Schälen Sie außerdem die Kartoffeln und reiben diese fein.

2 Fügen Sie die gehackte Zwiebel, den Knoblauch, die geriebene Kartoffel, das Kichererbsenmehl, Kurkuma, Kreuzkümmel, Backpulver, Salz und Pfeffer hinzu. Vermischen Sie alles gründlich, bis alle Zutaten gleichmäßig verteilt sind.

3 Formen Sie kleine Pattys aus der Masse, welche Sie dann in Olivenöl beidseitig goldbraun braten.

4 Geben Sie die fertigen Pattys auf Küchenpapier, damit das überschüssige Fett abtropfen kann.

5 Richten Sie die Pattys auf Tellern an und servieren Sie diese mit einem Dip Ihrer Wahl. Im Kapitel Dips und Cremes finden Sie passende Rezepte dazu.

Tipp: Für zusätzlichen Geschmack können Sie frische Kräuter wie Petersilie oder Koriander zur Bohnenmischung hinzufügen.

ته دیگ رز (BERENJ BA SABZI) |

REIS MIT GEMÜSE

 4 Port.

 15 Min.

 Leicht

Zutaten

2 Tassen Basmatireis
1 Tasse gefrorene Erbsen
Frische Kräuter
1 große Zwiebel
4 EL Olivenöl
1 Karotte
1 kleine Kartoffel
1 TL gemahlene Kurkuma
Salz, Pfeffer
¼ Tasse Kartoffelchips

Nährwerte p. P.

310 kcal
55 g Kohlenhydrate
8 g Fett
7 g Eiweiß

1 Kochen Sie den Reis, indem Sie den eingeweichten Reis in einem Topf mit Salzwasser kochen, bis er fast gar ist. Anschließend abgießen und beiseitestellen.

2 Schälen und würfeln Sie die Zwiebel. Schälen Sie die Kartoffeln und schneiden diese in Würfel. Putzen Sie die Karotte und schneiden Sie diese anschließend in Scheiben. Braten Sie die Zwiebelwürfel in Olivenöl an. Geben Sie die Karottenscheiben und Kartoffelwürfel hinzu.

3 Braten Sie den Reis in einer Pfanne an. Vermengen Sie außerdem die Gewürze und rühren Sie diese unter das Gericht.

4 Geben Sie die Kartoffelchips in eine Tüte und zerbröckeln diese mithilfe eines Nudelholzes. Streuen Sie die zerbröckelten Kartoffelchips über den knusprigen Reis und braten Sie sie weitere 2 - 3 Minuten, bis sie knusprig sind. Geben Sie nun die Erbsen hinzu.

5 Servieren Sie den knusprigen Reis mit Gemüse heiß und garnieren ihn mit frischen Kräutern.

Tipp: Verwenden Sie eine Pfanne mit Antihaftbeschichtung, um sicherzustellen, dass der Reis knusprig wird, ohne am Boden der Pfanne kleben zu bleiben.

فسنجان خورشت (FESENJAN) |

WALNUSSEINTOPF

4 Port.

15 Min.

Leicht

Zutaten

1 Tasse Walnüsse
2 Tassen Granatapfelsaft
500 g Kürbis oder Butternusskürbis
1 Zwiebel
2 EL Olivenöl
1 TL gemahlene Kurkuma
1 TL gemahlener Zimt
Salz und Pfeffer nach Geschmack
2 EL Granatapfelsirup (optional, für zusätzliche Süße)
Frische Granatapfelkerne und gehackte Walnüsse zum Garnieren

Nährwerte p. P.

320 kcal
30 g Kohlenhydrate
20 g Fett
8 g Eiweiß

1 Schälen Sie die Zwiebel und hacken diese fein. Hacken Sie außerdem die Nüsse fein. Erhitzen Sie in einem großen Topf etwas Olivenöl und braten Sie die gehackte Zwiebel darin glasig an.

2 Rühren Sie die gehackten Nüsse unter und braten diese ebenfalls mit an.

3 Mischen Sie Zimt und Kurkuma und rühren die Mischung unter die Zwiebeln.

4 Schneiden Sie den Kürbis in zwei Hälften, entkernen diese und schneiden ihn anschließend in Streifen, danach in Würfel. Fügen Sie die Würfel der Zwiebelmischung hinzu. Garen Sie diese ca. 10 Minuten.

5 Füllen Sie den Topf mit Granatapfelsaft auf und köcheln alles ca. eine halbe Stunde lang.

6 Pfeffern und salzen Sie nach Ihrem Geschmack. Für mehr Süße können Sie Granatapfelsirup unterrühren.

7 Servieren Sie den Fesenjan heiß, garniert mit frischen Granatapfelkernen und gehackten Walnüssen, und servieren Sie ihn mit Reis oder Fladenbrot.

Tipp: Fügen Sie Tofuwürfel hinzu, um das Gericht proteinreicher zu machen.

خورشت نخودچی (KHORESHT-E NOKHODCHI) |

KICHERERBSENEINTOPF

4 Port.

15 Min.

Leicht

Zutaten

2 Tassen grüne Erbsen
1 TL gemahlene Kurkuma
Salz, Pfeffer
1 große Zwiebel
2 Tassen Gemüsebrühe
2 EL Tomatenmark
2 Knoblauchzehen
2 Kartoffeln
Frische Kräuter
2 Karotten
1 Dose gehackte Tomaten
1 TL gemahlener Kreuzkümmel
2 EL Olivenöl

Nährwerte p. P.

220 kcal
35 g Kohlenhydrate
6 g Fett
8 g Eiweiß

1 Schälen und würfeln Sie die Zwiebel und den Knoblauch. Erhitzen Sie in einem großen Topf etwas Olivenöl und braten Sie die gehackte Zwiebel darin glasig an.

2 Fügen Sie den gehackten Knoblauch hinzu und braten Sie ihn kurz mit, bis er duftet.

3 Schälen und würfeln Sie Karotte und Kartoffeln. Beides wird anschließend mit angebraten.

4 Geben Sie das Tomatenmark hinzu und vermengen es mit dem Gemüse.

5 Fügen Sie die gehackten Tomaten, gemahlene Kurkuma, gemahlenen Kreuzkümmel, Salz und Pfeffer hinzu und vermengen Sie alles gut.

6 Füllen Sie den Topf mit der Gemüsebrühe auf und rühren die Erbsen unter. Bringen Sie alles zum Kochen und reduzieren Sie dann die Hitze.

7 Köcheln Sie das Gericht bei schwacher Hitze ca. 25 Minuten.

8 Verteilen Sie das Gericht auf Tellern oder in Schüsseln. Streuen Sie die frischen gehackten Kräuter darüber.

Tipp: Sie können auch zusätzliches Gemüse wie Paprika oder Sellerie hinzufügen, um das Stew noch vielfältiger zu gestalten.

Fingerfood und Snacks

نونی خشک (NOONI KHOSHK) | BROTSTICKS

4 Port.

2 Std.

Leicht

Zutaten

500 g Mehl
Schwarzkümmelsamen
1 TL Salz
300 ml lauwarmes Wasser
1 TL Trockenhefe

Nährwerte p. P.

200 kcal
40 g Kohlenhydrate
1 g Fett
6 g Eiweiß

1 Geben Sie das Weizenmehl in eine große Schüssel und mischen das Salz und die Trockenhefe unter. Fügen Sie das lauwarme Wasser hinzu. Vermengen Sie die Zutaten zu einem schönen Teig.

2 Auf einer bemehlten Oberfläche kneten Sie den Teig etwa 10 - 15 Minuten lang kräftig durch, bis er geschmeidig ist. Stellen Sie den Teig an einen ruhigen Ort, an dem er aufquellen kann.

3 Heizen Sie den Backofen auf 220 °C vor und legen Sie ein Backblech mit Backpapier aus. Teilen Sie den Teig in zwei gleiche Stücke und formen Sie sie auf einer bemehlten Arbeitsfläche zu ovalen Fladen, etwa 1 cm dick.

4 Legen Sie die Fladen auf das vorbereitete Backblech und schneiden Sie sie längs mehrmals mit einem scharfen Messer ein. Bestreichen Sie die Oberfläche des Nooni Khoshk mit Wasser und bestreuen Sie sie mit Schwarzkümmelsamen.

5 Backen Sie das Nooni Khoshk im vorgeheizten Ofen etwa 20 - 25 Minuten lang, bis es goldbraun ist und hohl klingt, wenn Sie auf die Unterseite klopfen. Nehmen Sie das Nooni Khoshk aus dem Ofen und lassen Sie es auf einem Gitter auskühlen. Schneiden Sie es anschließend in Streifen.

Tipp: Nooni Khoshk ist ein knuspriges persisches Brot, das zu herzhaften Gerichten oder als Snack mit verschiedenen Aufstrichen serviert werden kann.

دلمه برگ مو (DOLMEH BARG-E MO) |

GEFÜLLTE WEINBLÄTTER

 6 Port.  30 Min.  Leicht

Zutaten

Eingelegte Weinblätter
Zitronensaft
1 Tasse gekochter Basmatireis
½ Tasse gekochte grüne Linsen
Olivenöl
1 Zwiebel
2 EL gehackte frische Kräuter
Salz, Pfeffer

Nährwerte p. P.

153 kcal
28 g Kohlenhydrate
5 g Fett
7 g Eiweiß

1 Häuten Sie die Zwiebel und würfeln diese fein. Braten Sie die Zwiebelwürfel in etwas Olivenöl an, bis sie weich sind. Mischen Sie Linsen und Reis unter.

2 Anschließend geben Sie gehackte Kräuter, Zitronensaft, Salz und Pfeffer hinzu und vermengen alles weiter. Breiten Sie einige Weinblätter auf einer Arbeitsfläche aus und geben Sie einen Esslöffel der Reis-Linsen-Mischung in die Mitte jedes Blattes.

3 Sie Seiten der Weinblätter werden eingeklappt und das Ganze aufgerollt.

4 Die fertigen Röllchen können Sie schön auf einem Teller anrichten.

Tipp: Damit das Einrollen gelingt, können Sie die Weinblätter auf eine Bambusmatte legen, die Enden rechts und links einklappen. Rollen Sie dann mithilfe der Bambusmatte Ihre Weinblätter so wie bei Sushi ein.

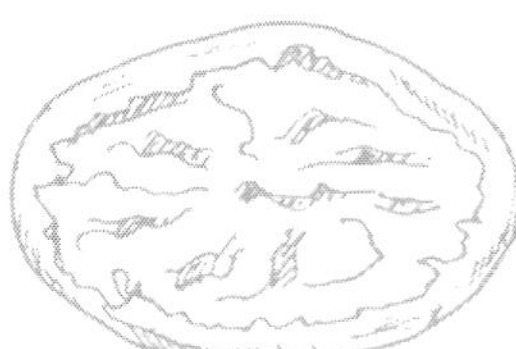

سمبوسه (SAMBOSEH) |

GEFÜLLTE TEIGTASCHEN

6 Port.

1 Std.

Mittel

Zutaten

Teig
2 Tassen Mehl
Salz
½ Tasse lauwarmes Wasser
2 EL Öl
Etwas Olivenöl

Füllung
1 Tasse gekochte Kartoffeln
Salz, Pfeffer
1 Zwiebel
Frische Kräuter
1 TL gemahlene Kurkuma
1 TL gemahlener Kreuzkümmel

Nährwerte p. P.

200 kcal
30 g Kohlenhydrate
6 g Fett
5 g Eiweiß

1 Mischen Sie Mehl und Salz sowie Wasser und Öl. Rühren Sie die Mehlmischung unter das Wasser. Decken Sie den Teig mit einem Tuch ab, damit er in Ruhe quellen kann.

2 Schälen und würfeln Sie die Zwiebel. Braten Sie diese in Olivenöl an. Vermengen Sie die Gewürze und rühren diese unter die Zwiebelwürfel.

3 Fügen Sie die Kartoffelwürfel hinzu und braten diese mit an.

4 Geben Sie den Teig auf Ihre Arbeitsfläche und rollen ihn aus. Stechen Sie mit einem Glas Kreise aus. Geben Sie auf jeden Teigkreis etwas von der Kartoffelfüllung, befeuchten Sie die Ränder des Teigs mit Wasser und falten Sie sie zu Halbmonden. Verschließen Sie die Ränder gut.

5 Verteilen Sie die Teigtaschen auf einem Backblech und backen diese bei 180 °C etwa 25 Minuten goldbraun.

6 Richten Sie die Teigtaschen auf einem Teller an und streuen frische Kräuter darüber.

Tipp: Samboseh schmecken am besten frisch aus dem Ofen. Sie können auch verschiedene Füllungen wie Hackfleisch oder Spinat verwenden.

کوکو سیب زمینی (KOOKOO SIBAZAMINI) | KARTOFFELOMELETT

4 Port.

30 Min.

Leicht

Zutaten

4 große Kartoffeln
2 Eier
2 EL Mehl
1 TL gemahlene Kurkuma
1 TL gemahlener Kreuzkümmel
Salz, Pfeffer
Öl zum Braten

Nährwerte p. P.

182 kcal
27 g Kohlenhydrate
9 g Fett
5 g Eiweiß

1 Schälen, waschen und reiben Sie die Kartoffeln. Geben Sie die geriebenen Kartoffeln in ein sauberes Geschirrtuch und drücken Sie überschüssige Feuchtigkeit aus.

2 Mischen Sie die Kartoffelmasse mit Mehl, den Gewürzen und den Eiern zu einem schönen Teig.

3 Geben Sie Olivenöl in eine Pfanne und backen den Teig darin portionsweise.

4 Braten Sie die Kartoffelpattys auf beiden Seiten goldbraun, bis sie durchgegart und knusprig sind.

5 Lassen Sie die Kartoffelpattys auf Küchenpapier abtropfen, um überschüssiges Öl zu entfernen.

Tipp: Kookoo Sibzamini schmecken besonders gut mit Joghurtdip oder einer würzigen Tomatensoße.

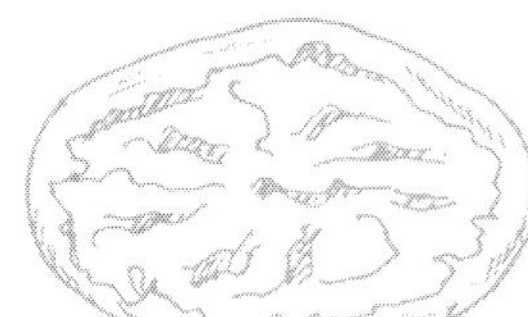

ترش مرغ (MORGH-E TORSH) | SAURES HUHN

4 Port.

40 Min.

Leicht

Zutaten

500 g Hähnchenbrust
1 TL gemahlene Kurkuma
1 Zitrone
2 Knoblauchzehen
Salz, Pfeffer
2 EL Olivenöl
1 TL gemahlener Kreuzkümmel
Eingeweichte Holzspieße

Nährwerte p. P.

200 kcal
2 g Kohlenhydrate
10 g Fett
25 g Eiweiß

1 Würfeln Sie die Hähnchenbrust. Geben Sie die Hähnchenstücke in eine Schüssel.

2 Reiben Sie etwas Schale der gewaschenen Zitrone ab und halbieren Sie diese danach. Pressen Sie den Saft aus. Schälen Sie den Knoblauch und geben ihn durch eine Knoblauchpresse.

3 Fügen Sie Zitronensaft, Zitronenschale, Knoblauch, Olivenöl, Kurkuma, Kreuzkümmel, Salz und Pfeffer hinzu. Vermengen Sie alles gründlich.

4 Marinieren Sie die Hähnchenwürfel ca. eine halbe Stunde im Kühlschrank.

5 Spießen Sie die Fleischwürfel auf und bestreichen Sie sie bei Bedarf mit der Marinade.

6 Grillen Sie die Hähnchenspieße auf einem Grill oder in einer Grillpfanne bei mittlerer Hitze, bis sie durchgegart und leicht gebräunt sind.

Tipp: Servieren Sie die sauren Hähnchenspieße mit Reis oder Fladenbrot und einem einfachen Salat für eine köstliche Mahlzeit.

برشته بادمجان (BAGHALI POLO BITES) | REISBÄLLCHEN

6 Port. 45 Min. Leicht

Zutaten

1 Tasse Basmatireis
1 Tasse junge Bohnen (Baghali), geschält
2 EL frischer Dill, fein gehackt
1 Zitrone
Salz, Pfeffer
Holzspieße

Nährwerte p. P.

153 kcal
34 g Kohlenhydrate
2 g Fett
4 g Eiweiß

1 Kochen Sie den Basmatireis, wie auf der Verpackung beschrieben, und lassen Sie ihn abkühlen.

2 Blanchieren Sie die jungen Bohnen in kochendem Wasser, bis sie weich sind. Anschließend gießen Sie sie ab und lassen sie abkühlen.

3 Halbieren Sie eine Zirtone und pressen den Saft aus. Vermengen Sie die Gewürze mit Zitronensaft. Rühren Sie die Mischung unter den Reis.

4 Formen Sie die Reismischung zu kleinen Bällchen und stecken Sie jeweils einen auf einen Holzspieß.

Tipp: Sie können die Baghali Polo Bites mit Joghurtsoße oder einer würzigen Tomatensalsa servieren.

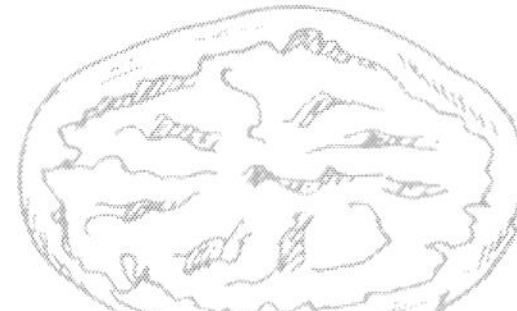

رولت ماست و خیار (MAST-O-KHIAR ROLL-UPS) | JOGHURT-GURKEN-DIP MIT FLADENBROT

4 Port.

15 Min.

Leicht

Zutaten

1 große Gurke
1 Tasse griechischer Joghurt
2 Knoblauchzehen
1 EL frische Minze
1 EL frischer Dill
Salz, Pfeffer
Fladenbrot

Nährwerte p. P.

123 kcal
16 g Kohlenhydrate
5 g Fett
6 g Eiweiß

1 Schälen Sie den Knoblauch und hacken ihn fein. Hacken Sie außerdem Minze und Dill fein. Vermengen Sie den griechischen Joghurt mit Knoblauch, frischer Minze und Dill. Pfeffern und salzen Sie die Soße.

2 Streichen Sie eine dünnere Schicht des Joghurtdips auf jedes Fladenbrot.

3 Verteilen Sie die Gurkenstreifen gleichmäßig auf dem Joghurtdip.

4 Geben Sie das Fladenbrot auf eine Arbeitsfläche und schneiden dieses in Streifen.

5 Richten Sie die Gurken-Joghurt-Röllchen auf einem Servierteller an und servieren Sie sie.

Tipp: Knusprige Falafelbällchen passen gut zu den Röllchen und bieten zusätzliche Proteinquellen.

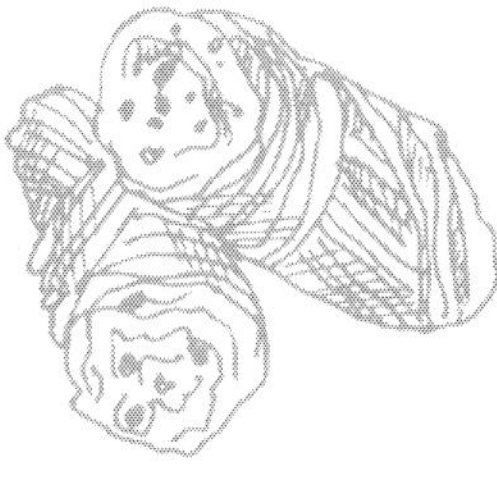

سوسیس بندری (SOSIS BANDARI) | GEGRILLTE WÜRSTCHEN

6 Port.

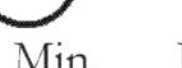
25 Min.

Leicht

Zutaten

500 g Rinderhackfleisch
1 Zwiebel
2 Knoblauchzehen
1 TL gemahlene Kurkuma
1 TL gemahlener Kreuzkümmel
1 TL Paprikapulver
Salz, Pfeffer
2 EL Olivenöl
Fladenbrot
Zitronenscheiben zum Garnieren

Nährwerte p. P.

284 kcal
6 g Kohlenhydrate
24 g Fett
21 g Eiweiß

1 Schälen und würfeln Sie die Zwiebeln und den Knoblauch.

2 Geben Sie beides zum Hackfleisch und heben außerdem die Gewürze unter.

3 Formen Sie die Hackfleischmischung zu kleinen länglichen Würstchen. Erhitzen Sie in einer Grillpfanne etwas Olivenöl.

4 Geben Sie die Würstchen in die heiße Pfanne und braten Sie sie von allen Seiten goldbraun, bis sie durchgegart sind. Dies dauert etwa 10 - 12 Minuten.

5 Richten Sie die fertigen Sosis Bandari auf einem Servierteller mit Zitronenscheiben an.

Tipp: Sie können die Würstchen auch auf einem Grill im Freien zubereiten, um ihnen zusätzlichen Grillgeschmack zu verleihen.

Desserts

برنج شیر (SHIR BERENJ) | REISPUDDING

4 Port. 40 Min. Leicht

Zutaten

1 Tasse Basmatireis
4 Tassen Milch
½ Tasse Zucker
1 TL Rosenwasser
1 Prise gemahlener Safran
Gehackte Pistazien oder Mandeln

Nährwerte p. P.

303 kcal
56 g Kohlenhydrate
7 g Fett
8 g Eiweiß

1 Waschen Sie den Reis in kaltem Wasser so lange, bis dieses klar ist. Geben Sie ihn anschließend in einen Topf und füllen Milch hinein.

2 Bringen Sie diese Mischung zum Kochen. Reduzieren Sie die Hitze und lassen Sie die Mischung köcheln, bis sie die gewünschte Konsistenz erreicht.

3 Mischen Sie den Zucker und das Rosenwasser. Geben Sie außerdem den Safran hinzu und mischen alles mit der Reismasse.

4 Verteilen Sie den Milchreis anschließend auf Schüsseln und garnieren Sie ihn mit gehackten Pistazien oder Mandeln.

Tipp: Die Pistazien können durch andere Nüsse oder frische Früchte ersetzt werden.

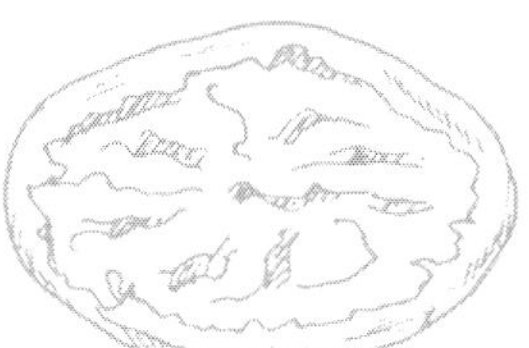

بستنی سنتی (BASTANI SONNATI) |

SAFRANEIS

 6 Port.  30 Min.  Leicht

Zutaten

2 Tassen Sahne
1 Tasse Milch
½ Tasse Zucker
1 Prise gemahlener Safran
Gehackte Pistazien

Nährwerte p. P.

282 kcal
22 g Kohlenhydrate
23 g Fett
4 g Eiweiß

1 Vermengen Sie Sahne und Milch. Rühren Sie den Zucker unter und fügen den gemahlenen Safran hinzu.

2 Lassen Sie die Mischung abkühlen und geben Sie sie dann in eine Eismaschine. Verarbeiten Sie sie gemäß den Anweisungen der Maschine zu Eiscreme.

3 Füllen Sie die fertige Eiscreme in Behälter und lassen Sie sie im Gefrierschrank fest werden. Bevor Sie sie servieren, garnieren Sie sie mit gehackten Pistazien.

Tipp: Verwenden Sie echten iranischen Safran für die schönste Farbe und den besten Geschmack.

زولبیا و بامیه (ZOOLBIA VA BAMIEH) | FRITTIERTE TEIGSTREIFEN

6 Port.

1,5 Std.

Leicht

Zutaten

Zoolbia
1 Tasse Mehl
1 TL gemahlener Safran
½ Tasse Joghurt
Öl zum Frittieren
½ Tasse Wasser
1 TL Backpulver
Rosenwasser

Bamieh
1 Tasse Mehl
Öl zum Frittieren
½ Tasse Joghurt
1 TL Backpulver
½ Tasse Wasser

Nährwerte p. P.

225 kcal
44 g Kohlenhydrate
6 g Fett
7 g Eiweiß

1 Für Zoolbia: Mischen Sie Mehl, Joghurt, Wasser, Rosenwasser, Backpulver und gemahlenen Safran zu einem glatten Teig. Lassen Sie den Teig mindestens 1 Stunde ruhen.

2 Für Bamieh: Verwenden Sie die gleichen Zutaten wie für Zoolbia, jedoch ohne den Safran. Lassen Sie auch diesen Teig mindestens 1 Stunde ruhen.

3 Bereiten Sie zwei Spritzbeutel für den Teig vor. Pro Teig einen Spritzbeutel. Erhitzen Sie das Öl und geben Sie den Teig in einen Spritzbeutel und spritzen Sie ihn vorsichtig in das heiße Öl, um Muster zu formen. Frittieren Sie sie goldbraun und lassen Sie sie dann auf Küchenpapier abtropfen.

Tipp: Servieren Sie das Gericht mit Honig oder Ahornsirup. Sie können auch Granatapfelsirup nutzen.

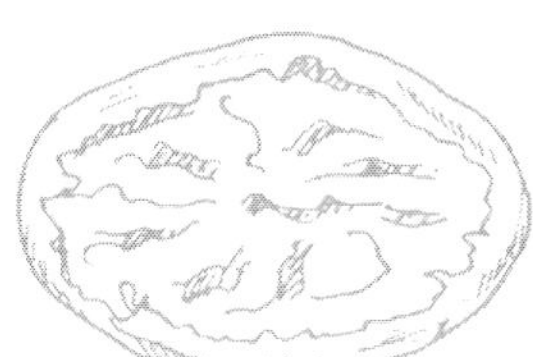

فرنی (FERNI) |
PUDDING

4 Port.

30 Min.

Leicht

Zutaten

1 Tasse Reismehl
4 Tassen Milch
½ Tasse Zucker
1 TL gemahlener Kardamom
1 Prise gemahlener Safran
Gehackte Pistazien

Nährwerte p. P.

280 kcal
45 g Kohlenhydrate
7 g Fett
8 g Eiweiß

1 Vermengen Sie Reismehl und Milch in einem Topf und bringen Sie sie zum Kochen. Köcheln Sie den Reispudding bei wenig Hitze, bis er die gewünschte Konsistenz hat.

2 Mischen Sie den Zucker mit Kardamom und Safran. Rühren Sie die Mischung in den Pudding.

3 Füllen Sie den Reispudding in Schüsseln oder Gläser und lassen Sie ihn abkühlen.

4 Streuen Sie zur Dekoration die Pistazien darüber.

Tipp: Um sicherzustellen, dass die frittierten Eiskugeln perfekt gelingen, können Sie die vorbereiteten Kugeln vor dem Frittieren kurz in den Gefrierschrank stellen.

حلوا (HALVA) |

SÜẞE QUADRATE

8 Port. 20 Min. Leicht

Zutaten

1 Tasse Tahini
1 Tasse Zucker
½ Tasse Wasser
1 Prise gemahlener Kardamom
Gehackte Pistazien oder Mandeln zum Garnieren

Nährwerte p. P.

254 kcal
27 g Kohlenhydrate
16 g Fett
5 g Eiweiß

1 Kochen Sie Wasser auf und rühren den Zucker ein. Reduzieren Sie dann die Hitze und fügen Sie unter ständigem Rühren die Sesampaste hinzu, bis die Mischung eindickt.

2 Rühren Sie den gemahlenen Kardamom unter. Gießen Sie die Halva-Mischung in eine mit Backpapier ausgelegte Form oder eine flache Schüssel und streichen Sie sie glatt.

3 Lassen Sie die Halva vor dem Servieren abkühlen und schneiden Sie sie dann in Quadrate. Garnieren Sie sie mit gehackten Pistazien oder Mandeln.

Tipp: Wenn die Halva-Mischung zu schnell fest wird, bevor Sie sie in die Form gießen können, können Sie ein wenig warmes Wasser hinzufügen, um die Konsistenz anzupassen.

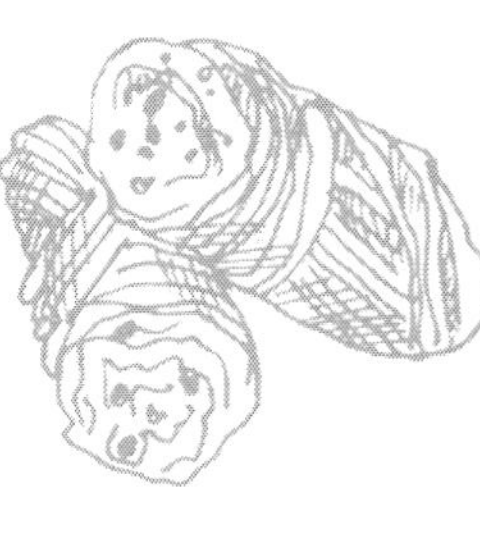

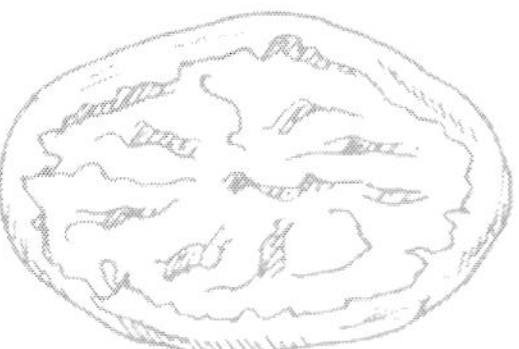

رنگینک (RANGINAK) |
DATTELDESSERT

12 Port.

15 Min.

Leicht

Zutaten

1 Tasse entkernte Datteln
1 Tasse gehackte Walnüsse
1 TL gemahlener Kardamom
Gehackte Pistazien zum Garnieren

Nährwerte p. P.

124 kcal
17 g Kohlenhydrate
8 g Fett
2 g Eiweiß

1 Zerkleinern Sie die Datteln und Walnüsse in einer Küchenmaschine, bis sie eine glatte Masse bilden.

2 Fügen Sie gemahlenen Kardamom hinzu und vermengen Sie alles gründlich.

3 Formen Sie die Mischung zu kleinen Bonbons und arrangieren Sie sie auf einem Teller.

4 Vor dem Servieren garnieren Sie sie mit gehackten Pistazien.

Tipp: Sie können die Bonbons zusätzlich in geröstetem Sesam oder Kokosraspeln wälzen, um sie zu verzieren und ihnen einen zusätzlichen Geschmack zu verleihen.

بستنی اکبر مشتی (BASTANI AKBAR MASHTI) |

SAFRANEIS MIT ROSENWASSER

6 Port.

30 Min.

Leicht

Zutaten

2 Tassen Sahne
1 Tasse Milch
½ Tasse Zucker
1 TL gemahlener Safran
1 EL Rosenwasser
gemahlene Pistazien oder Mandeln zum Garnieren

Nährwerte p. P.

320 kcal
25 g Kohlenhydrate
22 g Fett
4 g Eiweiß

1 Mischen Sie Milch und Sahne und lösen darin bei mittlerer Hitze den Zucker auf. Geben Sie den Safran in warmes Wasser und rühren diesen unter die Milch-Sahne-Mischung.

2 Stellen Sie den Herd auf kleine Flamme und köcheln Sie die Mischung ca. 10 Minuten. Sobald Sie den Topf vom Herd nehmen, rühren Sie das Rosenwasser unter.

3 Füllen Sie die Mischung zum Abkühlen in eine Schüssel. Geben Sie die Mischung nach dem Abkühlen in eine Eismaschine und verarbeiten Sie diese zu leckerem Eis.

4 Vor dem Servieren können Sie das Eis mit gemahlenen Pistazien oder Mandeln garnieren.

Tipp: Lösen Sie den gemahlenen Safran vor dem Hinzufügen zur Milchmischung in warmem Wasser auf. Dadurch können sich das Aroma und die Farbe des Safrans gleichmäßig in der Eiscreme verteilen.

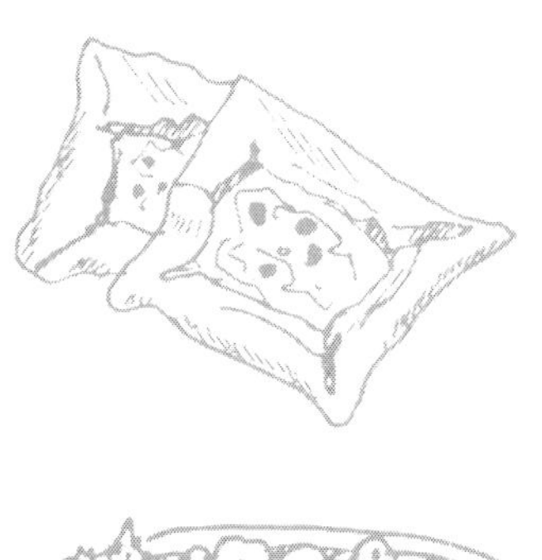

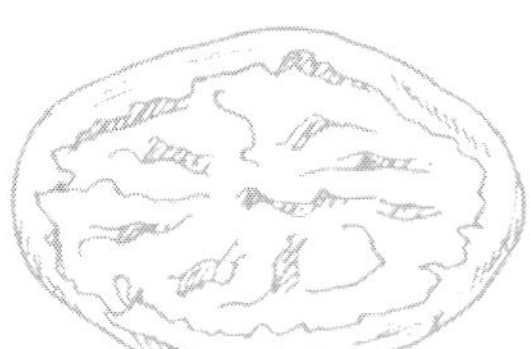

زرد شله (SHOLEH ZARD) | SAFRAN-REISPUDDING

6 Port.

45 Min.

Leicht

Zutaten

1 Tasse Basmatireis
4 Tassen Wasser
1 Tasse Zucker
1 Prise gemahlener Safran
Gehackte Pistazien oder Mandeln zum Garnieren

Nährwerte p. P.

280 kcal
63 g Kohlenhydrate
5 g Fett
6 g Eiweiß

1 Waschen Sie Ihren Reis gründlich mit kaltem Wasser und bringen Sie ihn dann zum Kochen.

2 Wenn das Wasser kocht, können Sie die Hitze verringern. Der Reis kann nun in Ruhe garen. Planen Sie dafür ca. 20 Minuten ein.

3 Fügen Sie Zucker und gemahlenen Safran hinzu und vermischen Sie alles gut.

4 Lassen Sie den Reispudding für etwa 10 - 15 Minuten bei niedriger Hitze köcheln, bis er eine cremige Konsistenz erreicht hat.

5 Bevor Sie servieren, lassen Sie den Reispudding abkühlen und garnieren ihn mit gehackten Pistazien oder Mandeln.

Tipp: Rosinen oder andere Trockenfrüchte wie gehackte Datteln oder Aprikosen können dem Reispudding eine süße Note und zusätzliche Textur verleihen.

Getränke

دوغ (DUGH) | ERFRISCHUNGSGETRÄNK

8 Port.

15 Min.

Leicht

Zutaten

1 ½ Liter Wasser
500 g Joghurt
Etwas Salz
2 EL getrocknete Minze
Frische Minzblätter

Nährwerte p. P.

50 kcal
2 g Kohlenhydrate
3 g Fett
3 g Eiweiß

1 Geben Sie 3 EL Wasser und 3 EL Joghurt in einen großen Krug und mischen Sie beides. Rühren Sie die Minze unter.

2 Fügen Sie den restlichen Joghurt und das restliche Wasser hinzu.

3 Schmecken Sie das Getränk mit etwas Salz ab.

4 Füllen Sie es in Gläser und dekorieren diese mit frischen Minzblättern.

Tipp: Für ein prickelndes Getränk können Sie Sprudelwasser nutzen. Wünschen Sie eine orientalische Note, fügen Sie getrocknete Rosenblätter hinzu.

شربت خاکشیر نبات (SHARBAT-E KHAKSHIR NABAT) | SAFRAN-ERFRISCHUNGSGETRÄNK

1 Port.

15 Min.

Leicht

Zutaten

250 ml Quellwasser
4 TL Khakshir – Sophienkraut-Samen
1 Kandissticks mit Safran
2 - 3 Eiswürfel
1 TL Rosenwasser
1 TL Zitronensaft

Nährwerte p. P.

375 kcal
50 g Kohlenhydrate
20 g Fett
3 g Eiweiß

1 Geben Sie die Khakshir-Samen in ein Glas und füllen Sie dies mit frischem Quellwasser auf.

2 Fügen Sie jeweils einen Teelöffel Rosenwasser und Zitronensaft hinzu sowie einen Safran-Zuckerwürfel und einige Eiswürfel.

3 Vor dem Trinken sollten Sie alles noch einmal kräftig umrühren.

Tipp: Frische Minzblätter verleihen dem Getränk noch etwas mehr Frische und eignen sich gut zum Dekorieren.

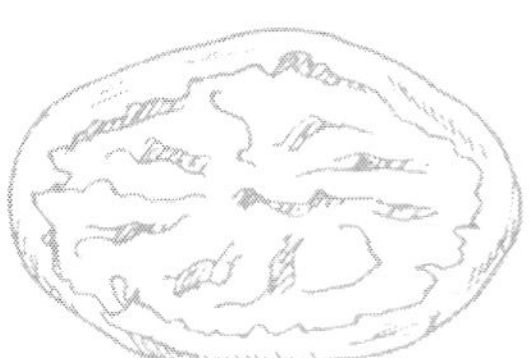

شربت ریواس (SHARBAT-E RIVAS) | RHABARBERSAFT

4 Port.

15 Min.

Leicht

Zutaten

Sirup
120 g Zucker
500 g Rhabarber

Limonade
1 Spritzer Rosenwasser
Stilles Wasser
Einige Minzblätter
Zitronensaft
Crushed Ice

Nährwerte p. P.

195 kcal
48 g Kohlenhydrate
1 g Fett
1 g Eiweiß

1 Waschen Sie den Rhabarber unter fließendem Wasser. Geben Sie ihn zum Abtropfen in ein Sieb und schneiden ihn anschließend in Scheiben.

2 Erhitzen Sie Wasser und geben den Rhabarber hinein. Kochen Sie ihn ca. 5 Minuten, damit er schön weich wird.

3 Gießen Sie den Rhabarber durch ein Sieb und fangen das Wasser auf. Mischen Sie den Zucker mit dem Rhabarber und lassen alles gut einkochen. Rühren Sie dabei immer wieder gut um.

4 Damit alles schön einkocht, stellen Sie den Herd auf kleine Flamme ein. Wenn der Rhabarber eingekocht ist und eine Sirupmasse im Topf erkennbar wird, rühren Sie die Masse durch ein Sieb. Fangen Sie den Sirup auf. Füllen Sie den Sirup in Flaschen, um ihn aufzubewahren.

5 Zum Genießen können Sie den abgekühlten Sirup mit Rosenwasser, stillem Wasser und Zitronensaft sowie Crushed Ice in ein Glas füllen.

6 Dekorieren Sie das Getränk mit Minzblättern.

Tipp: Der Sirup eignet sich auch wunderbar für Desserts. Gießen Sie diesen beispielsweise über Vanilleeis und lassen sich von einem traumhaften Geschmack verführen.

شربت سکنجبین (SHERBET-E SEKANJEBIN) | PERSICHER LIEBESTRANK

2 Port.

10 Min.

Leicht

Zutaten

6 Nelken
1 Liter Wasser
4 cm Ingwer
5 TL schwarzer Tee
1 Zimtstange
Zucker, Kandiszucker oder Rohrzucker

1 Füllen Sie Wasser in einen Topf und kochen es auf. Säubern Sie den Ingwer und schneiden ihn in feine Stücke. Geben Sie diese in eine Kanne und mischen außerdem den Tee, den Zimt und die Nelken unter.

2 Gießen Sie das gekochte Wasser darüber. Nun kann das Getränk 5 Minuten ziehen.

3 Süßen Sie den Tee nach Belieben mit Zucker, Kandis oder Rohrzucker, je nach Ihrem Geschmack.

Nährwerte p. P.

125 kcal
33 g Kohlenhydrate
1 g Fett
2 g Eiweiß

Tipp: Um den Tee zu süßen, können Sie beispielsweise Kandiszuckersticks nehmen. Hier empfiehlt es sich, Sticks zu wählen, die Safranfäden enthalten, sie verfeinern den Geschmack.

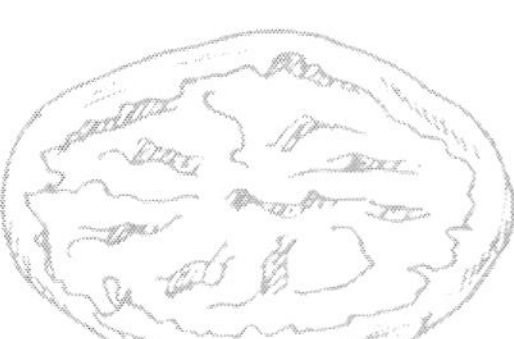

آبمیوه لیمویی ایرانی با حبه های گازدار (IRANIAN LIME RICKEY „FIZZ“) | MAGARITA

4 Port.

15 Min.

Schwer

Zutaten

5 Tassen Wasser
7 Tassen trockener Weißwein
2 Tassen London Dry Gin
2 Tassen Single Malt Scotch
2 ½ Tassen iranischer Limettenlikör
½ TL Sekt-Hefe

1 Bereiten Sie die Hefe gemäß den Anweisungen vor und geben Sie dann alle weiteren Zutaten in eine Mischwanne. Mischen Sie gründlich.

2 Füllen Sie die Mischung in Schwingverschluss-Bierflaschen oder Champagnerflaschen und verschließen Sie sie fest.

3 Lassen Sie die Flaschen 21 Tage lang an einem sicheren Ort bei Raumtemperatur stehen.

4 Anschließend überführen Sie die Flaschen in den Kühlschrank und lagern sie dort.

Nährwerte p. P.

702 kcal
26 g Kohlenhydrate
1 g Fett,
1 g Eiweiß

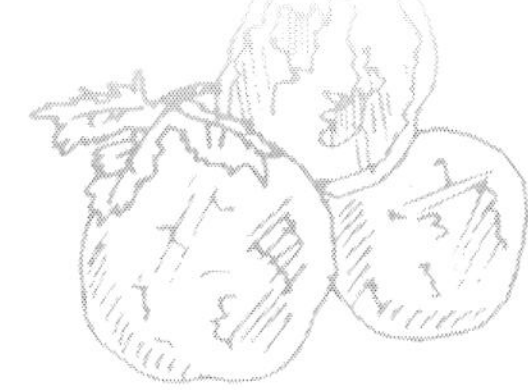

Tipp: Achten Sie darauf, dass die Flaschen gut verschlossen sind, denn nur so kann sich ordentlich Kohlensäure bilden.

شربت لیموی ایرانی (IRANIAN LIME CORDIAL) |

IRANISCHER PUNSCH

4 Port.

15 Min.

Leicht

Zutaten

9 g geriebene Limettenschale
⅓ Unze getrocknetes persisches Limettenpulver
14 Unzen Wasser
2 EL weißer Kristallzucker
½ TL Zitronensäure

Nährwerte p. P.

375 kcal
50 g Kohlenhydrate
20 g Fett
3 g Eiweiß

1 Füllen Sie einen Topf mit allen Zutaten und halten Sie sie 1 Stunde lang bei sehr schwacher Hitze warm.

2 Sieben Sie die Mischung anschließend durch ein Kaffeefilterpapier in eine Flasche und lagern Sie sie bis zu 3 Monate im Kühlschrank.

Tipp: Je nachdem, wie s iß oder sauer Sie es mögen, können Sie die Menge von Zitronensäure und Zucker anpassen.

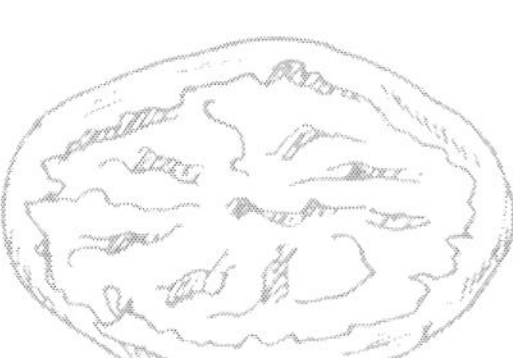

قهوه کرم ایرانی (GHAHVE-YE KREM-E IRANI) | IRANISCHER CREME-KAFFEE

1 Port.

10 Min.

Leicht

Zutaten

1 EL löslicher Kaffee
1 EL Zucker (je nach Vorliebe)
1 EL Wasser
1 Tasse Milch
Etwas Kakaopulver

Nährwerte p. P.

185 kcal
27 g Kohlenhydrate
7 g Fett
10 g Eiweiß

1 Mischen Sie löslichen Kaffee, Zucker und Wasser in einer Tasse zu einer cremigen Masse.

2 Erhitzen Sie die Milch und gießen Sie diese über die Mischung.

3 Streuen Sie das Kakaopulver darüber und genießen Sie den Kaffee.

Tipp: Sie können den Kakao auch durch Kokosflocken ersetzen.

شربت آلبالو (SHARBAT-E ALBALOO) | SAUERKIRSCHLIMONADE

4 Port.

15 Min.

Leicht

Zutaten

Sirup
200 g Zucker
500 g Sauerkirschen
250 ml Wasser

Limonade
1 Spritzer Rosenwasser
Stilles Wasser
Eiswürfel
Zitronensaft
Einige Minzblätter

Nährwerte p. P.

375 kcal
50 g Kohlenhydrate
20 g Fett
3 g Eiweiß

1 Waschen und entkernen Sie die Sauerkirschen.

2 In einem Topf lösen Sie Zucker in 250 ml Wasser auf und bringen es einmal zum Kochen. Geben Sie die Sauerkirschen in das Wasser und kochen diese ca. 3 Minuten.

3 Verringern Sie die Hitze und köcheln Sie die Mischung ca. 45 Minuten ein, bis ein schöner Sirup entsteht.

4 Geben Sie die Masse in ein Sieb und rühren Sie dabei kräftig durch. Fangen Sie den Kirschsirup dabei in einer Schüssel auf. Füllen Sie den heißen Sirup in sterilisierte Flaschen ab.

5 Geben Sie den Sirup in ein Glas mit Eiswürfeln, füllen es mit Wasser auf und fügen Sie einige Spritzer Rosenwasser hinzu.

6 Dekorieren Sie das Getränk mit Minzblättern und Zitronenscheiben.

Tipp: Fügen Sie eine Zitronenscheibe für mehr Frische hinzu.

Soßen, Cremes und Dips

ماست و خیار (MAST-O-KHIAR) |

GURKEN-JOGHURT-DIP

2 Port.

15 Min.

Leicht

Zutaten

1 große Gurke
1 Tasse griechischer Joghurt
2 Knoblauchzehen
1 EL frische Minze
1 EL frischer Dill
Salz, Pfeffer
1 EL Olivenöl

Nährwerte p. P.

73 kcal
8 g Kohlenhydrate
4 g Fett
7 g Eiweiß

1 Schälen und würfeln Sie die Gurke.

2 Mischen Sie den Joghurt und die Gurkenwürfel miteinander. Geben Sie dann fein gehackten Knoblauch, frische Minze und Dill hinzu und vermengen Sie erneut.

3 Schmecken Sie den Dip mit Salz und Pfeffer ab. Optional können Sie 1 EL Olivenöl über den Dip gießen, bevor Sie ihn servieren.

4 Lassen Sie den Dip vor dem Servieren mindestens 30 Minuten im Kühlschrank ziehen, damit sich die Aromen entfalten können.

Tipp: Wer es scharf mag, kann Cayennepfeffer hinzufügen.

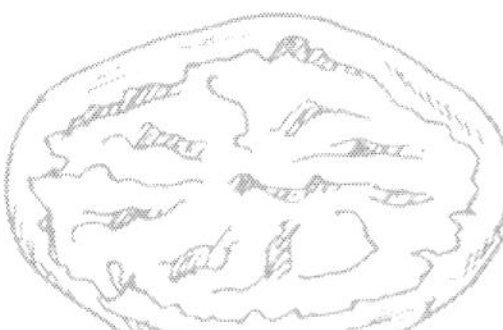

کشک بادمجان (KASHK-E BADEMJAN) | AUBERGINENDIP

4 Port. 15 Min. Leicht

Zutaten

2 große Auberginen
1 Tasse griechischer Joghurt
2 Knoblauchzehen
2 EL Kashk
Olivenöl zum Braten
Salz, Pfeffer

Nährwerte p. P.

122 kcal
14 g Kohlenhydrate
8 g Fett
5 g Eiweiß

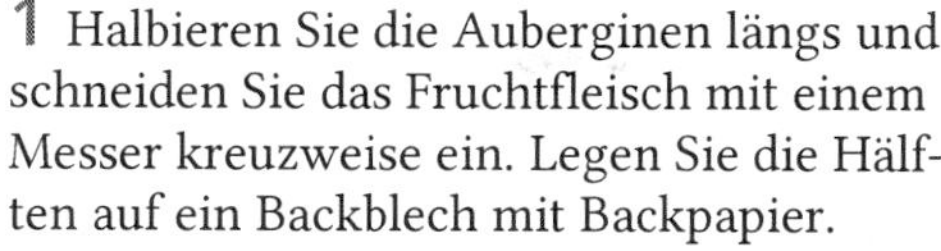

1 Halbieren Sie die Auberginen längs und schneiden Sie das Fruchtfleisch mit einem Messer kreuzweise ein. Legen Sie die Hälften auf ein Backblech mit Backpapier.

2 Mit einem Pinsel verteilen Sie nun das Olivenöl auf den Auberginenhälften. Schieben Sie das Backblech in den Ofen und backen Sie die Auberginenhälften bei 200 °C etwa 30 Minuten lang.

3 Wenn die Auberginenhälften weich sind, nehmen Sie das Blech aus dem Ofen und lassen diese abkühlen. Mit einem Löffel lösen Sie nun das Fruchtfleisch aus der Schale.

4 Mischen Sie das Fruchtfleisch mit Joghurt und Kashk. Häuten Sie den Knoblauch und pressen ihn in die Mischung hinein.

5 Pfeffern und salzen Sie nach Ihrem Geschmack und rühren Sie den Dill unter. Gut gekühlt schmeckt der Dip am besten.

Tipp: Um dem Auberginendip zusätzlichen Geschmack zu verleihen, können Sie verschiedene Kräuter und Gewürze hinzufügen.

محمره (MUHAMMARA) |

WALNUSS-PAPRIKA-DIP

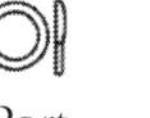

4 Port. 15 Min. Leicht

Zutaten

2 große rote Paprika-schoten
Salz, Pfeffer
1 Tasse Walnüsse
1 TL gemahlener Kreuz-kümmel
2 Knoblauchzehen
1 EL Granatapfelsirup
2 EL Olivenöl

Nährwerte p. P.

162 kcal
9 g Kohlenhydrate
15 g Fett
4 g Eiweiß

1 Rösten Sie die Paprikaschoten rundum an. Halbieren und entkernen Sie die roten Paprikaschoten anschließend.

2 Ziehen Sie die Schale ab und hacken die Paprika klein. Geben Sie diese dann mit den Walnüssen in einen Mixer und pürieren alles zu einer feinen Creme.

3 Schälen und würfeln Sie den Knoblauch fein. Braten Sie ihn anschließend in Olivenöl an.

4 Rühren Sie die Paprikacreme unter und würzen Sie mit Kreuzkümmel. Rühren Sie außerdem den Granatapfelsirup hinein.

5 Schmecken Sie den Dip mit Salz und Pfeffer ab.

6 Gut gekühlt schmeckt der Dip am besten.

Tipp: Für mehr Frische und Aroma können Sie gehackte Petersilie, Koriander oder Minze unterheben.

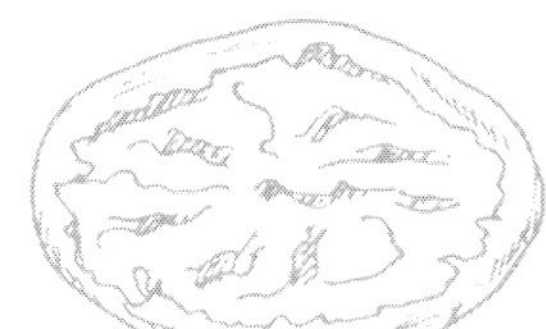

ماست و لبو (MAST-O-LABOO) |

ROTE-BETE-CREME

 4 Port.

 20 Min.

 Leicht

Zutaten

2 mittelgroße Rote-Bete-Knollen
Frische Minze
1 Tasse griechischer Joghurt
Salz, Pfeffer
2 Knoblauchzehen
1 EL Zitronensaft
2 EL gehackte Walnüsse

1 Schälen Sie die Rote Bete und kochen Sie die Knollen anschließend. Wenn sie weich sind, geben Sie die Rote-Bete-Knollen in eine Küchenmaschine.

2 Schälen und hacken Sie den Knoblauch fein. Fügen Sie griechischen Joghurt, fein gehackten Knoblauch, Zitronensaft und gehackte Walnüsse hinzu. Verarbeiten Sie alle Zutaten zu einer glatten Creme.

3 Pfeffern und salzen Sie nach Ihrem Geschmack. Stellen Sie sie vor dem Servieren im Kühlschrank kalt und garnieren Sie sie mit frischer Minze.

Nährwerte p. P.

93 kcal
12 g Kohlenhydrate
4 g Fett
7 g Eiweiß

Tipp: Fügen Sie gerösteten Knoblauch für den intensiveren Geschmack hinzu.

بورانی اسفناج (BORANI ESFENAJ) |
SPINAT-JOGHURT-CREME

4 Port.

15 Min.

Leicht

Zutaten

500 g frischer Spinat
Geröstete Pinienkerne zum Garnieren
1 Tasse griechischer Joghurt
Salz, Pfeffer
2 Knoblauchzehen
1 TL gemahlener Kreuzkümmel
1 EL Olivenöl

Nährwerte p. P.

72 kcal
7 g Kohlenhydrate
5 g Fett
7 g Eiweiß

1 Waschen Sie den Spinat gründlich und hacken Sie ihn grob. In einer Pfanne erhitzen Sie Olivenöl und braten den Spinat an, bis er zusammenfällt und weich wird.

2 Schälen und hacken Sie den Knoblauch fein. Fügen Sie den gehackten Knoblauch hinzu und braten Sie ihn kurz an, bis er duftet.

3 Rühren Sie griechischen Joghurt und gemahlenen Kreuzkümmel unter den Spinat. Schmecken Sie die Creme mit Salz und Pfeffer ab.

4 Geben Sie die Spinatcreme auf eine Servierplatte und garnieren Sie sie mit gerösteten Pinienkernen.

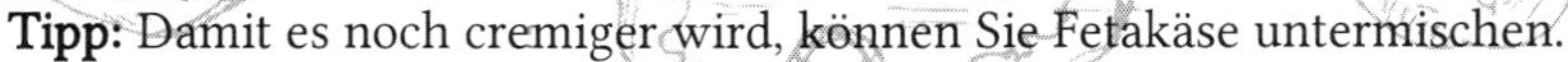

Tipp: Damit es noch cremiger wird, können Sie Fetakäse untermischen.

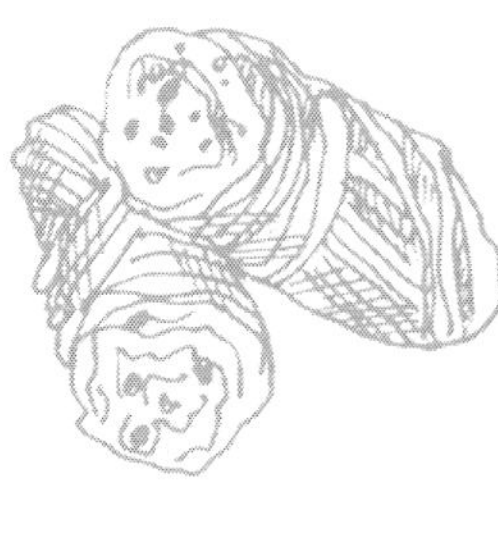

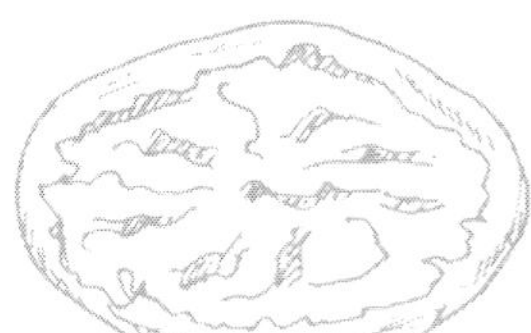

هویجی و خیار و ماست (MAST-O-KHIAR.HAVJI) | KAROTTENDIP

4 Port.

15 Min.

Leicht

Zutaten

1 Tasse griechischer Joghurt
1 große Gurke
1 große Karotte
2 Knoblauchzehen
1 EL frische Minze
1 EL frischer Dill
Saft von 1 Zitrone
Salz, Pfeffer
1 EL Olivenöl
1 TL gemahlener Kreuzkümmel

1 Vermengen Sie in einer Schüssel griechischen Joghurt und Zitronensaft gründlich.

2 Reiben Sie die geschälte Gurke und Karotte fein und geben beides zum Joghurt. Verrühren Sie die drei Zutaten gut.

3 Fügen Sie fein gehackten Knoblauch, frische Minze und Dill hinzu. Pfeffern und salzen Sie die Masse nach Ihrem Geschmack.

4 Fügen Sie einen Schuss Olivenöl und 1 Prise gemahlenen Kreuzkümmel hinzu.

5 Stellen Sie den Dip für eine halbe Stunde in den Kühlschrank, damit er gut durchziehen kann.

Nährwerte p. P.

84 kcal
8 g Kohlenhydrate
5 g Fett
6 g Eiweiß

Tipp: Garnieren Sie den Dip vor dem Servieren mit frischen Kräutern.

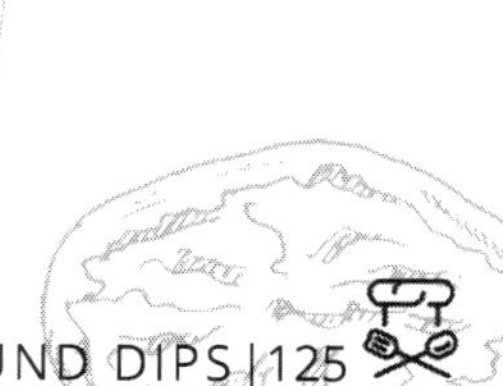

ماست و موسیر (MAST-O-MUSIR) |

FRÜHLINGSZWIEBELDIP

 4 Port.  10 Min.  Leicht

Zutaten

1 Tasse griechischer Joghurt
2 Frühlingszwiebeln
1 TL gemahlener Kreuzkümmel
2 Knoblauchzehen
1 EL getrocknete Minze
Salz, Pfeffer
1 EL Olivenöl

Nährwerte p. P.

72 kcal
6 g Kohlenhydrate
4 g Fett
7 g Eiweiß

1 Geben Sie griechischen Joghurt in eine Schüssel. Schälen und hacken Sie den Knoblauch fein. Waschen Sie die Frühlingszwiebeln und schneiden diese in Ringe.

2 Mischen Sie die Frühlingszwiebelringe mit dem Joghurt und rühren den Knoblauch unter.

3 Schmecken Sie alles mit Salz und Pfeffer ab. Rühren Sie dann die getrocknete Minze unter.

4 Fügen Sie einen Schuss Olivenöl und 1 Prise gemahlenen Kreuzkümmel hinzu.

5 Stellen Sie den Dip für eine halbe Stunde in den Kühlschrank, damit er gut durchziehen kann.

Tipp: Servieren Sie diese Soße als Beilage zu gegrilltem Fleisch oder als Dip für Brot.

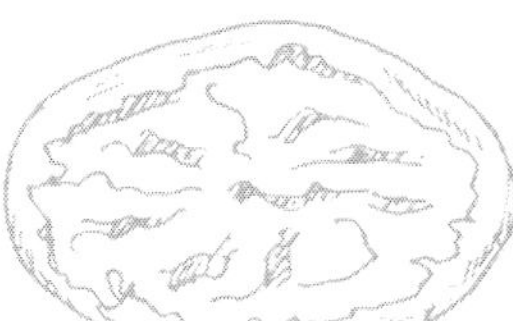

خيارشور (KHIAR SHOOR) | SAURE-GURKEN-DIP

4 Port.

10 Min.

Leicht

Zutaten

1 Tasse gehackte saure Gurken
1 Tasse griechischer Joghurt
2 Knoblauchzehen
1 EL gehackte frische Dillspitzen
1 TL gemahlener Kreuzkümmel
Salz, Pfeffer
1 EL Olivenöl

Nährwerte p. P.

64 kcal
5 g Kohlenhydrate
4 g Fett
7 g Eiweiß

1 Würfeln Sie die sauren Gurken und geben diese in eine Schüssel. Fügen Sie den griechischen Joghurt hinzu und vermischen beides gut.

2 Schälen Sie den Knoblauch und hacken ihn im Anschluss klein. Mischen Sie ihn mit den frischen Dillspitzen unter die Gurkenmischung.

3 Heben Sie den Kreuzkümmel unter.

4 Würzen Sie nach Ihrem Geschmack mit Salz und Pfeffer. Fügen Sie außerdem Olivenöl hinzu, um die Soße geschmeidiger zu machen.

5 Stellen Sie den Dip für eine halbe Stunde in den Kühlschrank, damit er gut durchziehen kann.

Tipp: Diese erfrischende und würzige Soße passt hervorragend zu gegrilltem Fleisch, Falafel oder als Dip für Gemüsesticks.

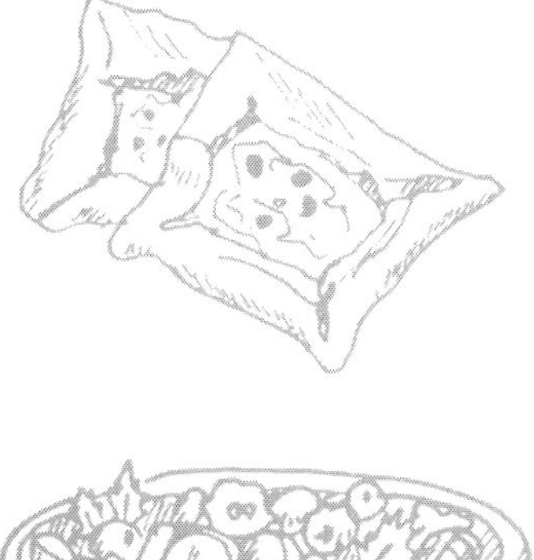